가사체 금강경과
한문 금강경 사경

무비스님 · 조현춘 공역

운주사

서문

'사람은 어떻게 살아야 하는가?'

이 질문은 인간이 그 역사를 시작하면서부터 품어온 인간존재에 대한 본질적인 문제입니다. 기계 문명의 발달로 물질을 누리는 삶은 눈부시게 풍요롭고 편리하게 되었으나 '사람은 어떻게 살아야 하는가?'라는 문제에서는 실로 그 의문이 적지 않습니다. 이것은 매우 어려운 문제지만 '가장 사람답게 사는 일'이라고할 수 있을 것입니다. 그렇습니다. 사람인 이상 무엇보다도 중요하며 우선해야할 일은 '가장 사람답게 사는 일'입니다.

어떻게 사는 것이 가장 사람답게 사는 일이겠습니까? 그 문제에 대한 올바른길을 제시하기 위해서 그동안 수많은 현철들이 세상에 오시어 많은 가르침들을남겨 놓았습니다. 불교에서는 사람이 사는 올바른 길을 위한 팔만 사천의 가르침을 제시하고 있습니다.

대심 조현춘 교수님께서 '금강경 원고'를 들고 소승을 처음 찾아 온 것도 벌써20여년의 세월이 흘렀습니다. 처음에는 조금은 뜬금없다는 생각도 했습니다만,교수님께서는 '인류 정신문화를 대표하는 경전들'을 현대어로 완벽하게 번역하기 위해 50년 세월을 꾸준히 노력해 오셨습니다. 교수님께서는 늘 '저는 화화회(화엄경과 화이트헤드 연구회) 학자들이 다 만들어 놓은 것을 스님께 가지고 왔을뿐입니다'면서 모든 공덕을 화화회에 돌리셨습니다. 어떤 의미에서는 교수님의말씀이 옳습니다. 아무리 능력 있고 아무리 노력한다 한들 개인이 이렇게 큰일을 할 수는 없습니다. 20년이 넘는 세월을 꾸준히 매주 모임을 갖는 학자님들의모임은 전 세계에서도 유례를 찾아보기 힘들다고 합니다. 화화회의 학자님들에게 존경과 감사의 말씀을 드립니다.

교수님께서는 '행복하고 빛이 나고 향기 났던 사람들과 행복하고 빛이 나고 향기 나는 사람들은 거의 전부가 금강경을 독송했던 사람'이라면서 최근에는 '가사체 금강경 독송회'를 결성하였습니다. 이 모임을 통해 부처님의 진리, 즉 '사람답게 사는 방법'을 체화하여, 이생에서도 많은 행복을 누리시고, 내생에서는 극락왕생하시기를 축원 드립니다.

『가사체 불교경전과 한글세대 불교경전』을 중심으로 『가사체 금강경과 조계종 금강경』, 『The Diamond Sutra 가사체 금강경』을 출판하였습니다. 도반님들의 요청으로 이 책 『가사체 금강경과 한문 금강경 사경』을 시작으로 사경집도 출판할 예정이라 하니 가히 기쁜 일입니다.

모쪼록 참 진리인 부처님 말씀을 지금의 우리말 우리글로 사경하고 독송하여, 그 인연공덕으로 삶의 의미를 깨닫고 행복하시기를 축원 드립니다.

불기 2565년(서기 2021년) 여천如天 무비無比 합장

서문   3

1장 법회가 열린 배경(法會因由分)   13

2장 수보리 장로님이 가르침을 청함(善現起請分)   15

3장 대승의 근본 가르침(大乘正宗分)   19

4장 걸림없는 보시(妙行無住分)   21

5장 부처님 모습 바로 보기(如理實見分)   25

6장 바른 믿음의 무량 복덕(正信希有分)   29

7장 깨달음이나 설법에 걸리지 않음(無得無說分)   33

8장 금강경과 깨달음(依法出生分)   37

9장 지위에 걸리지 않음(一相無相分)   39

10장 불국토 장엄(莊嚴淨土分)   47

11장 무위의 큰 복덕(無爲福勝分)   51

12장 금강경 존중(尊重正敎分)   55

13장 금강경을 받아 지니는 법(如法受持分)   57

14장 분별에서 벗어난 적멸(離相寂滅分)   63

15장 금강경을 받아 지니는 공덕(持經功德分)   77

16장 전생 죄업까지도 씻어냄(能淨業障分)   81

17장 자기중심적 생각에서 완전히 벗어남(究竟無我分)   87

18장 빠짐없이 두루 관찰함(一體同觀分)   101

19장 복덕에 걸리지 않음(法界通化分)   107

20장 모습에 걸리지 않음(離色離相分)   109

21장 설법에 걸리지 않음(非說所說分)   113

22장 깨달음에 걸리지 않음(無法可得分)　　　117

23장 깨끗한 마음으로 법을 잘 닦음(淨心行善分)　　　119

24장 비교할 수 없이 큰 복덕(福智無比分)　　　121

25장 중생해탈에 걸리지 않음(化無所化分)　　　123

26장 법신에도 걸리지 않음(法身非相分)　　　125

27장 단절과 소멸을 초월함(無斷無滅分)　　　129

28장 보답에 걸리지 않음(不受不貪分)　　　131

29장 고요하고 평화로운 부처님 모습(威儀寂靜分)　　　135

30장 대상에 걸리지 않음(一合理相分)　　　137

31장 지견을 내지 않음(知見不生分)　　　141

32장 모든 것은 지나감(應化非眞分)　　　143

용어 해설　　　149

편집 후기　　　157

가사체 금강경과
한문 금강경 사경

定本 漢文 金剛經
정 본 한 문 금 강 경

無比 · 趙顯春 共譯
무 비   조 현 춘 공 저

原 本: 鳩摩羅什 金剛般若波羅蜜經(高麗大藏經, 敦煌莫高窟)
參考本: 流支本 眞諦本 笈多本 玄奘本 義淨本 梵語2本 藏語本 蒙古語本

1) 用(湏 況 寂), 不用(須 況 最), 統一(著 着 ---〉着)
2) 善現起請分 ⑤節

【鳩摩羅什】	應如是住	------	如是降伏其心
【流支】	應如是住	如是修行	如是降伏其心
【眞諦】	如是應住	如是修行	如是發心
【笈多】	行 住應	如修行應	如心降伏應
【玄奘】	應如是住	如是修行	如是攝伏其心
【義淨】	應如是住	如是修行	如是攝伏其心
【梵語1】	(應如是住	如是修行	如是降伏其心)
【梵語2】	(應如是住	如是修行	如是降伏其心)
【藏語】	(應如是住	如是修行	如是降伏其心)
【蒙古語】	(應如是住	如是修行	如是降伏其心)
【定本】	應如是住	**如是修行**	如是降伏其心

3) 大乘正宗分 ①節   /應化非眞分 ③節

【鳩摩羅什】	降伏其心	/如夢幻泡影	如露亦如電
【流支】	生如是心	/如星翳燈幻	露泡夢電雲
【眞諦】	發心	/如暗翳燈幻	露泡夢電雲
【笈多】	心發生應	/ 星翳燈幻	露泡夢電雲
【玄奘】	發趣如是之心	/如星翳燈幻	露泡夢電雲
【義淨】	生如是心	/如星翳燈幻	露泡夢電雲
【梵語1】	(生如是心	/如星翳燈幻	露泡夢電雲)
【梵語2】	(生如是心	/如星翳燈幻	露泡夢電雲)
【藏語】	(生如是心	/如星翳燈幻	露泡夢電雲)
【蒙古語】	(生如是心	/如星翳燈幻	露泡夢電雲)
【定本】	**應生如是心**	/如星翳燈幻	露泡夢電雲

정본 우리말 금강경: 가사체 금강경

무비스님·조현춘 공역

Conze의 영어 금강경이 많이 유포되면서, Conze의 오류가 조계종 표준 금강경 등 시중의 우리말 금강경에 반영된 부분들이 제법 있습니다.

1장 ①절: 부처님의 육하원칙(육성취)을 모르는 Conze의 영어 금강경식 우리말 번역을 수정합니다. 이 책 153~155쪽을 참고하시기 바랍니다.

2장: 질문은 〈발원-수행-하심〉으로 되어있습니다. 그런데 조계종에서는 구마라집본에 갇혀서 세 질문을 두 질문으로 만들었고, 한문에 갇혀서 〈살아야 하며-(수행은 없고)-하심〉으로 하였습니다.

3장: 조계종에서는 질문이 셋(둘)이었다는 사실을 망각하였습니다. 가사체 금강경에서는 〈발원-수행-하심〉의 순서에 따라서 정확히 번역하였습니다.

9장 ②절, ④절, ⑥절: 질문과 부합하게

9장: ⑪⑫절에서는 조건절과 주절의 관계를 파악하지 못하고, 이해할 수 없는 이상한 문장을 제시하고 있는데, 수정하여 번역합니다.

14장: ②③④절에서는 세 문장을 하나의 문장으로 오해하여 이해할 수 없는 이상한 문장을 제시하고 있는데, 수정하여 번역합니다.

산스끄리뜨어는 명사중심 극-수동형 언어이고, 영어는 대명사/조동사중심 중간-능동형 언어이며, 우리말은 극-명사/동사중심 극-능동형 언어입니다.

주(住)의 두 가지 뜻: 긍정적인 주(住, 스타따위양) 부정적인 주(住, 쁘라띠스티또)를 구분하여 〈발원과 걸림〉으로 번역하였습니다.

금강경의 전체 논리는 '보시하되 보시했다 생각하지 아니해야, 참으로 보시했다 말할 수가 있습니다'입니다.

별도의 책 『가사체 금강경과 조계종 금강경』

『The Diamond Sutra 가사체 금강경』

『定本 漢文 金剛經(近刊)』

淨口業眞言
정구업진언

수리수리 마하수리 수수리 사바하(세번)

五方內外安慰諸神眞言
오방내외안위제신진언

나무 사만다 못다남

옴 도로도로 지미 사바하(세번)

開法藏眞言
개법장진언

無上甚深微妙法 百千萬劫難遭遇
무상심심미묘법 백천만겁난조우

我今聞見得受持 願解如來眞實義
아금문견득수지 원해여래진실의

옴 아라남 아라다(세번)

입으로 지은 업을 씻어내는 진언
깨끗이~ 깨끗하게 참으로~ 깨끗하게
완전히~ 깨끗하게 깨끗이~ 살렵니다.
수리수리 마하수리 수수리 사바하(세번)

부처님과 성중님을 모셔오는 진언
일체모든부처님~ 일체모든 성중님~
이자리에 편안하게 임하시어 주웁소서.
나무 사만다 못다남
옴 도로도로 지미 사바하(세번)

경전 독송 전의 진언
높디높고 깊디깊은 부처님말씀
백천만겁 지나가도 듣기힘든데
제가지금 보고들어 지니었으니
부처님의 진실한뜻 이루렵니다.
옴 아라남 아라다(세번)

11

一. 法會因由分
일 법회인유분

①

如是我聞 一時 佛 在舍衛國 祇樹給
여시아문 일시 불 재사위국 기수급

孤獨園 與大比丘衆 千二百五十人
고독원 여대비구중 천이백오십인

俱 及 大菩薩衆.
구 급 대보살중

②

爾時 世尊 於日初分 着衣持鉢 入舍
이시 세존 어일초분 착의지발 입사

衛大城 乞食 於其城中 飯食訖 還至
위대성 걸식 어기성중 반사흘 환지

本處 收衣鉢 洗足已 如常敷座 結跏
본처 수의발 세족이 여상부좌 결가

趺坐 端身而住 正念不動.
부좌 단신이주 정념부동

③

時 諸比丘 來詣佛所 頂禮佛足 右繞
시 제비구 내예불소 정례불족 우요

三匝 退坐一面.
삼잡 퇴좌일면

1장 법회가 열린 배경

①

부처님이 일천이백 오십명의 스님들과
많디많은 보살들과 어느날~ 사위국의
기원정사 계시면서 다음같이 하시는걸
제가직접 들었으며 제가직접 봤습니다.

②

부처님은 아침일찍 가사입고 발우들고
사위성에 들어가서 탁발하여 공양하고
기원정사 돌아와서 가사발우 거두시고
발을씻고 사자좌에 오르시어 가부좌로
반듯하게 앉으시어 마음챙기 셨습니다.

③

이때에~ 스님들이 부처님께 다가가서
부처님의 양쪽발에 이마대어 예경하고

二. 善現起請分
이 선현기청분

①

時 長老 湏菩提 在大衆中 卽從座起
시 장로 수보리 재대중중 즉종좌기

偏袒右肩 右膝着地 合掌恭敬 而白
편단우견 우슬착지 합장공경 이백

佛言.
불언

②

希有 世尊 如來 善護念諸菩薩 善付
희유 세존 여래 선호념제보살 선부

囑諸菩薩.
촉제보살

③

世尊 善男子善女人 發菩薩乘 應云
세존 선남자선여인 발보살승 응운

何住 云何修行 云何降伏其心?
하주 운하수행 운하항복기심

14

부처님을 세번돌고 모두앉으 셨습니다.

2장 수보리 장로님이 가르침을 청함

①

수보리~ 장로님이 자리에서 일어나서
오른어깨 드러내고 오른무릎 땅에끓고
합장하고 부처님께 말씀드리 셨습니다.

②

거룩하신 부처님~ 정말대단 하십니다.
부처님은 보살들을 참으로잘 보살피고
보살들을 참으로잘 가르치고 계십니다.

③

거룩하신 부처님~ 거룩하신 부처님~
보살의길 가려하는 선남자와 선여인은
어떻게~ 발원하고 어떻게~ 수행하며

④

善哉善哉 湏菩提 如汝所說 如來 善
선 재 선 재　수 보 리　여 여 소 설　여 래　선

護念諸菩薩 善付囑諸菩薩.
호 념 제 보 살　선 부 촉 제 보 살

⑤

湏菩提 汝今諦聽 當爲汝說. 善男子
수 보 리　여 금 제 청　당 위 여 설　선 남 자

善女人 發菩薩乘 應如是住 如是修
선 여 인　발 보 살 승　응 여 시 주　여 시 수

行 如是降伏其心.
행　여 시 항 복 기 심

⑥

唯然 世尊 願樂欲聞.
유 연　세 존　원 요 욕 문

어떻게~ 자기마음 다스려야 하옵니까?

④

수보리~ 장로님~ 수보리~ 장로님~

참으로~ 옳습니다 장로님의 말씀대로

여래는~ 보살들을 참으로잘 보살피고

보살들을 참으로잘 가르치고 있습니다.

⑤

수보리~ 장로님~ 말씀드리 겠습니다.

보살의길 가려하는 선남자와 선여인은

어떻게~ 발원하고 어떻게~ 수행하며

어떻게~ 자기마음 다스려야 하는지를

장로님을 위하여서 말씀드리 겠습니다.

⑥

거룩하신 부처님~ 말씀하여 주십시오.

저희들을 위하여서 말씀하여 주십시오.

三. 大乘正宗分
삼　대 승 정 종 분

①

須菩提　善男子善女人　發菩薩乘　應
수 보 리　선 남 자 선 여 인　발 보 살 승　응

生如是心.　所有一切衆生之類　若卵
생 여 시 심　소 유 일 체 중 생 지 류　약 난

生　若胎生　若濕生　若化生　若有色
생　약 태 생　약 습 생　약 화 생　약 유 색

若無色　若有想　若無想　若非有想非
약 무 색　약 유 상　약 무 상　약 비 유 상 비

無想　我皆令入　無餘涅槃　而滅度之.
무 상　아 개 영 입　무 여 열 반　이 멸 도 지

3장 대승의 근본 가르침

①

수보리~ 장로님~ 수보리~ 장로님~
보살의길 가려하는 선남자와 선여인은
'일체중생 열반으로 내가모두 제도한다'
'알로생긴 중생이나 태로생긴 중생이나
습기에서 생긴중생 변화하여 생긴중생
형상있는 중생이나 형상없는 중생이나
생각있는 중생이나 생각없는 중생이나
생각이~ 있다없다 할수없는 중생들을
고통없고 행복가득 무여열반 이르도록
한중생도 빠짐없이 내가모두 제도한다'
이와같은 큰발원을 해야하는 것입니다.

如是滅度 無量衆生 實無衆生 得滅
여 시 멸 도　무 량 중 생　실 무 중 생　득 멸

度者.
도 자

何以故 湏菩提 若菩薩 有衆生相 卽
하 이 고　수 보 리　약 보 살　유 중 생 상　즉

不名菩薩
불 명 보 살

湏菩提 若菩薩 有我相 人相 衆生相
수 보 리　약 보 살　유 아 상　인 상　중 생 상

壽者相 卽非菩薩.
수 자 상　즉 비 보 살

四. 妙行無住分
사　묘 행 무 주 분

復次 湏菩提 菩薩 於事 應無所住
부 차　수 보 리　보 살　어 사　응 무 소 주

行於布施.
행 어 보 시

이리하여 무량중생 열반으로 제도하되

중생제도 하였다고 생각하면 안됩니다.

③

수보리~ 장로님~ 수보리~ 장로님~

중생제도 하였다고 생각하는 보살들은

참~된~ 보살이라 말할수가 없습니다.

④

수보리~ 장로님~ 자기중심 인간중심

중생중심 생명중심 생각하는 보살들은

참~된~ 보살이라 말할수가 없습니다.

4장 걸림없는 보시

①

수보리~ 장로님~ 보살들은 어디에도

안걸리는 보시행을 해야하는 것입니다.

②

所謂 不住色布施 不住聲香味觸法
소 위 부주색보시 부주성향미촉법

布施.
보 시

③

須菩提 菩薩 應如是布施 不住於相.
수 보 리 보 살 응 여 시 보 시 부 주 어 상

④

何以故 若菩薩 不住相布施 其福德
하 이 고 약 보 살 부 주 상 보 시 기 복 덕

不可思量.
불 가 사 량

⑤

須菩提 於意云何 東方虛空 可思量
수 보 리 어 의 운 하 동 방 허 공 가 사 량

不?
부

⑥

不也 世尊.
불 야 세 존

⑦

須菩提 南西北方 四維 上下 虛空
수 보 리 남 서 북 방 사 유 상 하 허 공

②
형상소리 냄새맛촉 현상들~ 어디에도
안걸리는 보시행을 해야하는 것입니다.
③
수보리~ 장로님~ 참~된~ 보살들은
보시하되 보시했다 생각하지 않습니다.
④
보시하되 보시했다 생각하지 아니하는
보살들이 짓는복은 한량없이 많습니다.
⑤
수보리~ 장로님~ 어찌생각 하십니까?
동방허공 크기를~ 상상할수 있습니까?
⑥
아닙니다 부처님~ 상상하지 못합니다.
⑦
수보리~ 장로님~ 수보리~ 장로님~
서남북방 동남동북 서남서북 아래위~

可思量 不?
가 사 량 부

⑧

不也 世尊.
불 야 세 존

⑨

須菩提 菩薩 無住相布施福德 亦復
수 보 리 보 살 무 주 상 보 시 복 덕 역 부

如是 不可思量.
여 시 불 가 사 량

⑩

須菩提 菩薩 應如是布施 不住於相.
수 보 리 보 살 응 여 시 보 시 부 주 어 상

五. 如理實見分
오 여 리 실 견 분

①

須菩提 於意云何 可以身相 見如來
수 보 리 어 의 운 하 가 이 신 상 견 여 래

不?
부

허공들의 크기를~ 상상할수 있습니까?

⑧

아닙니다 부처님~ 상상하지 못합니다.

⑨

수보리~ 장로님~ 수보리~ 장로님~

보시하되 보시했다 생각하지 아니하는

보살들이 짓는복도 상상할수 없습니다.

⑩

수보리~ 장로님~ 참~된~ 보살들은

보시하되 보시했다 생각하지 않습니다.

5장 부처님 모습 바로 보기

①

수보리~ 장로님~ 어찌생각 하십니까?

부처님의 거룩한~ 상호들을 다갖추면

부처라고 말할수가 있다생각 하십니까?

②

不也 世尊 不可 以身相 得見如來.
불야 세존 불가 이신상 득견여래

③

何以故 如來所說 身相 卽非身相.
하이고 여래소설 신상 즉비신상

④

須菩提
수보리

凡所有相 皆是虛妄
범소유상 개시허망

若見非相 則非虛妄
약견비상 즉비허망

諸相非相 則見如來.
제상비상 즉견여래

②

아닙니다 부처님~ 부처상호 갖췄다고
반드시~ 부처라고 말할수는 없습니다.

③

갖추어도 갖추었다 생각하면 안됩니다.

④

수보리~ 장로님~ 갖추었다 생각하면
제대로~ 갖추었다 말할수가 없습니다.
부처상호 갖추고도 갖추었다 아니해야
참으로~ 갖추었다 말할수가 있습니다.
부처상호 갖추고도 갖추었다 아니해야
참~된~ 부처라고 말할수가 있습니다.

六. 正信希有分
육 정신희유분

①

世尊 頗有衆生 於未來世 得聞如是
세존 파유중생 어미래세 득문여시

言說章句 生實信 不?
언설장구 생실신 부

②

須菩提 莫作是說 如來滅後 後五百
수보리 막작시설 여래멸후 후오백

歲 有持戒修福智慧者 於此章句 能
세 유지계수복지혜자 어차장구 능

生信心 以此爲實.
생신심 이차위실

③

是人 不於一佛 而種善根已 於百千
시인 불어일불 이종선근이 어백천

萬佛所 種諸善根 聞是章句 乃至 一
만불소 종제선근 문시장구 내지 일

念生淨信者.
념생정신자

6장 바른 믿음의 무량 복덕

①
거룩하신 부처님~ 거룩하신 부처님~
미래에도 이법문을 믿을중생 있습니까?

②
수보리~ 장로님~ 그런말씀 마십시오.
여래가~ 열반한후 오백년이 지나가도
계지키고 복을짓는 지혜로운 사람들은
이법문을 참되다며 깊이믿을 것입니다.

③
한부처님 앞에서만 선근심지 아니하고
백천만의 부처님들 앞에서도 선근심은
사람들은 이법문을 깊이믿을 것입니다.

④
수보리~ 장로님~ 수보리~ 장로님~

④

須菩提 如來 悉知悉見. 是諸衆生
수 보 리 여 래 실 지 실 견 시 제 중 생

得無量福德.
득 무 량 복 덕

⑤

何以故 是諸衆生 無復我相 人相 衆
하 이 고 시 제 중 생 무 부 아 상 인 상 중

生相 壽者相.
생 상 수 자 상

⑥

無法相 亦 無非法相.
무 법 상 역 무 비 법 상

⑦

何以故 是諸衆生 若取法相 卽着我
하 이 고 시 제 중 생 약 취 법 상 즉 착 아

人衆生壽者 何以故 若取非法相 卽
인 중 생 수 자 하 이 고 약 취 비 법 상 즉

着我人衆生壽者.
착 아 인 중 생 수 자

⑧

是故 菩薩 不應取法 不應取非法.
시 고 보 살 불 응 취 법 불 응 취 비 법

여래는~ 모두알고 모두보고 있습니다.
이런사람 짓는복은 한량없이 많습니다.
⑤
이런사람 자기중심 인간중심 중생중심
생명중심 생각들을 하지않을 것입니다.
⑥
이런사람 법중심~ 생각하지 아니하고,
생각하지 않는다는 생각조차 않습니다.
⑦
법중심~ 생각해도 자기중심 인간중심
중생중심 생명중심 생각하는 것입니다.
법중심~ 생각하지 아니한다 생각해도
자기중심 인간중심 중생중심 생명중심
생각하는 것이라고 말할수가 있습니다.
⑧
보살들은 법중심~ 생각하지 아니하고

⑨

以是義故 如來常說 汝等比丘 知我
이 시 의 고 여 래 상 설 여 등 비 구 지 아

說法 如筏喩者 法尚應捨 何况非法.
설 법 여 벌 유 자 법 상 응 사 하 황 비 법

七. 無得無說分
칠 무 득 무 설 분

①

湏菩提 於意云何 有法 如來 得阿耨
수 보 리 어 의 운 하 유 법 여 래 득 아 누

多羅三藐三菩提耶 有法 如來 有所
다 라 삼 먁 삼 보 리 야 유 법 여 래 유 소

說法耶?
설 법 야

②

世尊 如我解佛所說義 無有定法 名
세 존 여 아 해 불 소 설 의 무 유 정 법 명

32

생각하지 않는다는 생각조차 않습니다.

⑨

여래말을 뗏목같이 여기도록 하십시오.

법중심~ 생각에도 걸리지~ 아니하고

걸리지~ 않는다는 생각도~ 마십시오.

7장 깨달음이나 설법에 걸리지 않음

①

수보리~ 장로님~ 어찌생각 하십니까?

'최고바른 깨달음을 온전하게 이루었다'

여래가~ 이런생각 한다할수 있습니까?

'부처님의 거룩한법 널리널리 전하였다'

여래가~ 이런생각 한다할수 있습니까?

②

거룩하신 부처님~ 거룩하신 부처님~

阿耨多羅三藐三菩提 亦 無有定法
아 누 다 라 삼 먁 삼 보 리　역　무 유 정 법

如來可說.
여 래 가 설

③

何以故 如來所說法 皆不可取 不可
하 이 고　여 래 소 설 법　개 불 가 취　불 가

說.
설

④

非法 非非法.
비 법 비 비 법

⑤

所以者何 一切賢聖 皆以無爲法 而
소 이 자 하　일 체 현 성　개 이 무 위 법　이

有差別.
유 차 별

제가지금 부처님의 말씀이해 하기로는
'최고바른 깨달음을 온전하게 이루었다'
부처님은 그런생각 하시지~ 않습니다.
'부처님의 거룩한법 널리널리 전하였다'
부처님은 그런생각 하시지~ 않습니다.

③

이루었다 생각도~ 부처님은 않으시고
전하였다 생각도~ 부처님은 않습니다.

④

부처님은 법에도~ 걸리지~ 않으시고
걸리지~ 않는다는 생각도~ 않습니다.

⑤

내자신은 하였다는 생각에서 벗어나야
참~된~ 성현이라 말할수가 있습니다.

八. 依法出生分
팔 의법출생분

①

須菩提 於意云何 若人滿三千大千
수보리 어의운하 약인만삼천대천

世界七寶 以用布施 是人所得福德
세계칠보 이용보시 시인소득복덕

寧爲多 不?
영위다 부

②

甚多 世尊 何以故 是福德 卽非福德
심다 세존 하이고 시복덕 즉비복덕

性 是故 如來說 福德多.
성 시고 여래설 복덕다

③

須菩提 若復有人 於此經中 受持 乃
수보리 약부유인 어차경중 수지 내

至 四句偈等 爲他人說 其福勝彼.
지 사구게등 위타인설 기복승피

④

何以故 須菩提 一切諸佛 及 諸佛阿
하이고 수보리 일체제불 급 제불아

8장 금강경과 깨달음

①

수보리~ 장로님~ 어찌생각 하십니까?
삼천대천 세계만큼 금은보화 보시하는
사람들이 짓게되는 복덕들은 많습니까?

②

많습니다 부처님~ 그렇지만 말씀하신
많은복을 짓고서도 지었다고 아니해야
참으로~ 지었다고 말할수가 있습니다.

③

수보리~ 장로님~ 이법문의 사구게를
하나라도 받아지녀 널리널리 전해주는
사람들이 짓는복이 훨씬더~ 많습니다.

④

수보리~ 장로님~ 수보리~ 장로님~

耨多羅三藐三菩提法 皆從此經出.
누 다 라 삼 먁 삼 보 리 법 　 개 종 차 경 출

⑤

須菩提 所謂 佛法者 卽非佛法 是名
수 보 리 　 소 위 　 불 법 자 　 즉 비 불 법 　 시 명

佛法.
불 법

九. 一相無相分
구 　 일 상 무 상 분

①

須菩提 於意云何 須陁洹 能作是念
수 보 리 　 어 의 운 하 　 수 다 원 　 능 작 시 념

我得須陁洹果 不?
아 득 수 다 원 과 　 부

②

不也 世尊 何以故 須陁洹 名爲入流
불 야 　 세 존 　 하 이 고 　 수 다 원 　 명 위 입 류

일체모든 부처님의 최고바른 깨달음은
이경에서 나왔다고 말할수가 있습니다.
⑤
수보리~ 장로님~ 부처님의 바른법을
깨닫고도 깨달았다 생각하지 아니해야
참으로~ 깨달았다 말할수가 있습니다.

9장 지위에 걸리지 않음

①
수보리~ 장로님~ 어찌생각 하십니까?
'나는이제 수다원을 온전하게 이루었다'
수다원이 이런생각 한다할수 있습니까?
②
아닙니다 부처님~ 그리생각 않습니다.
세상흐름 뛰어넘은 수다원을 이루고도

而無所入 是名須陁洹. 不入色聲香
이 무 소 입 시 명 수 다 원　　불 입 색 성 향

味觸法 是名須陁洹.
미 촉 법 시 명 수 다 원

③

須菩提 於意云何 斯陁含 能作是念
수 보 리 어 의 운 하 사 다 함 능 작 시 념

我得斯陁含果 不?
아 득 사 다 함 과 부

④

不也 世尊 何以故 斯陁含 名一往來
불 야 세 존 하 이 고 사 다 함 명 일 왕 래

而實無往來 是名斯陁含.
이 실 무 왕 래 시 명 사 다 함

수다원을 이루었다 생각하지 아니해야
참으로~ 이루었다 말할수가 있습니다.
형상소리 냄새맛촉 현상들을 빠짐없이
모두뛰어 넘었다고 생각하지 아니해야
수다원을 이루었다 말할수가 있습니다.

③

수보리~ 장로님~ 어찌생각 하십니까?
'나는이제 사다함을 온전하게 이루었다'
사다함이 이런생각 한다할수 있습니까?

④

아닙니다 부처님~ 그리생각 않습니다.
세상으로 한번만올 사다함을 이루고도
사다함을 이루었다 생각하지 아니해야
참으로~ 이루었다 말할수가 있습니다.

⑤

須菩提 於意云何 阿那含 能作是念
수 보 리 어 의 운 하 아 나 함 능 작 시 념

我得阿那含果 不?
아 득 아 나 함 과 부

⑥

不也 世尊 何以故 阿那含 名爲不來
불 야 세 존 하 이 고 아 나 함 명 위 불 래

而實無不來 是故 名阿那含.
이 실 무 불 래 시 고 명 아 나 함

⑦

須菩提 於意云何 阿羅漢 能作是念
수 보 리 어 의 운 하 아 라 한 능 작 시 념

我得阿羅漢道 不?
아 득 아 라 한 도 부

⑧

不也 世尊 何以故 實無有法 名阿羅
불 야 세 존 하 이 고 실 무 유 법 명 아 라

漢.
한

⑤

수보리~ 장로님~ 어찌생각 하십니까?
'나는이제 아나함을 온전하게 이루었다'
아나함이 이런생각 한다할수 있습니까?

⑥

아닙니다 부처님~ 그리생각 않습니다.
세상으로 안돌아올 아나함을 이루고도
아나함을 이루었다 생각하지 아니해야
참으로~ 이루었다 말할수가 있습니다.

⑦

수보리~ 장로님~ 어찌생각 하십니까?
'나는이제 아라한을 온전하게 이루었다'
아라한이 이런생각 한다할수 있습니까?

⑧

아닙니다 부처님~ 그런생각 아니해야
참으로~ 이루었다 말할수가 있습니다.

⑨

世尊 若阿羅漢作是念 我得阿羅漢
세존 약아라한작시념 아득아라한

道 卽 爲着我人衆生壽者.
도 즉 위착아인중생수자

⑩

世尊 佛說 我得無諍三昧人中 寂爲
세존 불설 아득무쟁삼매인중 최위

第一 是第一離欲阿羅漢 而我不作
제일 시제일이욕아라한 이아부작

是念 我是離欲阿羅漢.
시념 아시이욕아라한

⑪

世尊 我若作是念 我得阿羅漢道 世
세존 아약작시념 아득아라한도 세

44

⑨
거룩하신 부처님~ 거룩하신 부처님~
아라한을 이루었다 생각하는 아라한은
자기중심 인간중심 중생중심 생명중심
생각들에 걸려있다 말할수가 있습니다.
⑩
거룩하신 부처님~ 거룩하신 부처님~
"참으로~ 평화롭게 살고있는 아라한~"
"탐욕에서 벗어나서 자유로운 아라한~"
부처님은 저를보고 그리말씀 하셨으나
'탐욕에서 벗어나서 아라한을 이루었다'
제자신은 그러한~ 생각아니 했습니다.
⑪
거룩하신 부처님~ 거룩하신 부처님~
아라한을 이루었다 제가생각 했더라면

尊 則不說 湏菩提 是樂阿蘭那行者.
존 즉불설 수보리 시요아란나행자

⑫

以湏菩提實無所行 而名湏菩提 是
이 수보리실무소행 이명수보리 시

樂阿蘭那行.
요 아란나행

十. 莊嚴淨土分
십 장엄정토분

①

湏菩提 於意云何 如來昔在 然燈佛
수보리 어의운하 여래석재 연등불

所 於法 有所得 阿耨多羅三藐三菩
소 어법 유소득 아누다라삼먁삼보

提 不?
리 부

②

不也 世尊 如來在 然燈佛所 於法
불야 세존 여래재 연등불소 어법

46

"참으로~ 평화롭게 살고있는 아라한~"
부처님이 제게말씀 않으셨을 것입니다.
⑫
아라한을 이루었다 제가생각 않았기에
"참으로~ 평화롭게 살고있는 아라한~"
부처님이 제게말씀 하시었던 것입니다.

10장 불국토 장엄

①
수보리~ 장로님~ 어찌생각 하십니까?
과거연등 부처님을 모시고~ 있을때에
'다음생에 최고바른 깨달음을 이룰거라'
여래가~ 생각했다 말할수가 있습니까?
②
아닙니다 부처님~ 그리생각 않습니다.

47

實無所得 阿耨多羅三藐三菩提.
실 무 소 득 아 누 다 라 삼 먁 삼 보 리

③

湏菩提 若菩薩 作如是言 我當 莊嚴
수 보 리 약 보 살 작 여 시 언 아 당 장 엄

佛土 彼菩薩 不實語.
불 토 피 보 살 부 실 어

④

何以故 莊嚴佛土者 則非莊嚴 是名
하 이 고 장 엄 불 토 자 즉 비 장 엄 시 명

莊嚴.
장 엄

⑤

是故 湏菩提 諸菩薩摩訶薩 應如是
시 고 수 보 리 제 보 살 마 하 살 응 여 시

生淸淨心 不應住色生心 不應住聲
생 청 정 심 불 응 주 색 생 심 불 응 주 성

香味觸法生心. 應無所住 而生其心.
향 미 촉 법 생 심 응 무 소 주 이 생 기 심

과거연등 부처님을 모시고~ 계실때에
'다음생에 최고바른 깨달음을 이룰거라'
부처님은 그렇게~ 생각않으 셨습니다.
③
수보리~ 장로님~ '불국토를 장엄했다'
여래가~ 이런생각 한다하는 보살들은
바른말을 하고있다 말할수가 없습니다.
④
불국토를 장엄하되 장엄했다 아니해야
참으로~ 장엄했다 말할수가 있습니다.
⑤
수보리~ 장로님~ 일체모든 보살들은
깨끗하고 맑은마음 청정심을 갖습니다.
형상소리 냄새맛촉 현상들에 안걸리며
어디에도 안걸리는 청정심을 갖습니다.

須菩提 譬如有人 身如須彌山王 於
수 보 리　비 여 유 인　신 여 수 미 산 왕　어

意云何 是身爲大 不?
의 운 하　시 신 위 대　부

⑦

甚大 世尊 何以故 佛說 非身 是名
심 대　세 존　하 이 고　불 설　비 신　시 명

大身.
대 신

十一. 無爲福勝分
십 일　무 위 복 승 분

①

須菩提 於意云何 如恒河中所有沙
수 보 리　어 의 운 하　여 강 가 중 소 유 사

數 如是沙等恒河 是諸恒河沙 寧爲
수　여 시 사 등 강 가　시 제 강 가 사　영 위

多 不?
다 부

수보리~ 장로님~ 수보리~ 장로님~
수미산과 같은사람 어찌생각 하십니까?
존귀하다 말할수가 있다생각 하십니까?

거룩하신 부처님~ 거룩하신 부처님~
매우매우 존귀하게 보일수도 있지마는
스스로~ 존귀하다 생각하지 아니해야
참으로~ 존귀하다 말할수가 있습니다.

11장 무위의 큰 복덕

수보리~ 장로님~ 어찌생각 하십니까?
강가강에 있는모든 모래알과 같은수의
강가강의 모래수는 많다할수 있습니까?

②

甚多 世尊 但諸恒河 尚多無數 何況
심다 세존 단제강가 상다무수 하황

其沙.
기 사

③

須菩提 我今 實言告汝 若有善男子
수보리 아금 실언고여 약유선남 자

善女人 以七寶 滿爾所恒河沙數世
선여인 이칠보 만이소 강가사수 세

界 以用布施 得福多 不?
계 이용보시 득복다 부

④

甚多 世尊.
심다 세존

⑤

須菩提 若善男子善女人 於此經中
수보리 약선남자선여인 어차경중

乃至 受持 四句偈等 爲他人說 而此
내지 수지 사구게등 위타인설 이차

福德 勝前福德.
복덕 승전복덕

②

많습니다 부처님~ 매우매우 많습니다.
강가강의 모래알도 셀수없이 많은데~
그만큼의 강가강에 있는모든 모래수는
상상조차 못할만큼 매우매우 많습니다.

③

수보리~ 장로님~ 진실말씀 드립니다.
그모든~ 강가강의 모래알과 같은수의
세계들을 채울만큼 금은보화 보시하는
선남자와 선여인이 짓는복은 많습니까?

④

많습니다 부처님~ 매우매우 많습니다.

⑤

수보리~ 장로님~ 수보리~ 장로님~
이법문의 사구게를 하나라도 받아지녀
널리널리 전해주는 선남자와 선여인이

十二. 尊重正教分
십 이 존 중 정 교 분

①

復次 須菩提 隨說是經 乃至 四句偈
부 차 수 보 리 수 설 시 경 내 지 사 구 게

等 當知 此處 一切世間 天 人 阿修
등 당 지 차 처 일 체 세 간 천 인 아 수

羅 皆應供養 如佛塔廟.
라 개 응 공 양 여 불 탑 묘

②

何況有人 盡能受持讀誦 爲他人說.
하 황 유 인 진 능 수 지 독 송 위 타 인 설

③

須菩提 當知 是人 成就最上 第一希
수 보 리 당 지 시 인 성 취 최 상 제 일 희

有功德.
유 공 덕

짓는복이 그보다도 훨씬더~ 많습니다.

12장 금강경 존중

①
수보리~ 장로님~ 수보리~ 장로님~
이법문의 사구게를 하나라도 전해주면
온세상의 하느님과 사람들과 아수라가
부처님의 탑에하듯 공양올릴 것입니다.
②
하물며~ 이법문을 받아지녀 독송하며
전해주며 짓는복은 상상조차 못합니다.
③
수보리~ 장로님~ 수보리~ 장로님~
이사람이 짓는복은 참으로~ 많습니다.

④

若是經典 所在之處 則爲有佛 若尊
약 시 경 전　소 재 지 처　즉 위 유 불　약 존

重弟子.
중 제 자

十三. 如法受持分
십 삼 　여 법 수 지 분

①

世尊 當何名此經 我等云何奉持?
세 존 　당 하 명 차 경　아 등 운 하 봉 지

②

須菩提 是經 名爲 金剛般若波羅蜜
수 보 리　시 경 　명 위 　금 강 반 야 바 라 밀

以是名字 汝當奉持.
이 시 명 자　여 당 봉 지

③

所以者何 須菩提 佛說 般若波羅蜜
소 이 자 하　수 보 리 　불 설 　반 야 바 라 밀

則非般若波羅蜜 是名般若波羅蜜.
즉 비 반 야 바 라 밀　시 명 반 야 바 라 밀

④

이 법문이 전해지고 있는곳은 어디에나
부처님과 제자들이 항상함께 계십니다.

13장 금강경을 받아 지니는 법

①

거룩하신 부처님~ 이경이름 무엇이며
어떻게~ 받들어~ 지니어야 하옵니까?

②

수보리~ 장로님~ 수보리~ 장로님~
이경이름 금강반야 바라밀경 이라하며
다음같이 받들어~ 지니어야 하옵니다.

③

수보리~ 장로님~ 금강반야 바라밀을
수행하되 수행했다 생각하지 아니해야

④

須菩提 於意云何 如來有所說法
수 보 리　어 의 운 하　여 래 유 소 설 법

不?
부

⑤

不也 世尊 如來無所說.
불 야　세 존　여 래 무 소 설

⑥

須菩提 於意云何 三千大千世界所
수 보 리　어 의 운 하　삼 천 대 천 세 계 소

有微塵 是爲多 不?
유 미 진　시 위 다　부

⑦

甚多 世尊 何以故 諸微塵 如來說
심 다　세 존　하 이 고　제 미 진　여 래 설

非微塵 是名微塵.
비 미 진　시 명 미 진

참으로~ 수행했다 말할수가 있습니다.
④
수보리~ 장로님~ 어찌생각 하십니까?
'부처님의 거룩한법 널리널리 전하였다'
여래가~ 이런생각 한다할수 있습니까?
⑤
아닙니다 부처님~ 그리생각 않습니다.
부처님은 그런생각 하시지~ 않습니다.
⑥
수보리~ 장로님~ 어찌생각 하십니까?
삼천대천 세계이룬 티끌들은 많습니까?
⑦
많습니다 부처님~ 그렇지만 말씀하신
많은티끌 보면서도 실체라고 아니봐야
참으로~ 본다고~ 말할수가 있습니다.

⑧

如來說 世界 非世界 是名世界.
여래설 세계 비세계 시명세계

⑨

須菩提 於意云何 可以三十二相 見
수보리 어의운하 가이삼십이상 견

如來 不?
여래 부

⑩

不也 世尊 不可 以三十二相 得見如
불야 세존 불가 이삼십이상 득견여

來.
래

⑪

何以故 如來說 三十二相 卽是非相
하이고 여래설 삼십이상 즉시비상

是名三十二相.
시명삼십이상

세계들을 보면서도 실체라고 아니봐야
참으로~ 본다고~ 말할수가 있습니다.

수보리~ 장로님~ 어찌생각 하십니까?
서른둘의 거룩한~ 상호들을 다갖추면
부처라고 말할수가 있다생각 하십니까?

아닙니다 부처님~ 그리생각 않습니다.
서른둘의 거룩한~ 상호들을 갖췄다고
반드시~ 부처라고 말할수는 없습니다.

서른둘의 거룩한~ 상호들을 갖추어도
상호들을 갖추었다 생각하지 아니해야
참으로~ 갖추었다 말할수가 있습니다.

須菩提 若有人 以恒河沙等 身命布
수 보 리 약 유 인 이 강 가 사 등 신 명 보

施 若復有人 於此經中 乃至 受持
시 약 부 유 인 어 차 경 중 내 지 수 지

四句偈等 爲他人說 其福甚多 於前
사 구 게 등 위 타 인 설 기 복 심 다 어 전

福德.
복 덕

十四. 離相寂滅分
십 사 이 상 적 멸 분

①

爾時 須菩提 聞說是經 深解義趣 涕
이 시 수 보 리 문 설 시 경 심 해 의 취 체

淚悲泣 而白佛言.
루 비 읍 이 백 불 언

②

希有 世尊 佛說 如是甚深經典.
희 유 세 존 불 설 여 시 심 심 경 전

③

我從昔來 所得慧眼.
아 종 석 래 소 득 혜 안

⑫

수보리~ 장로님~ 강가강의 모래만큼
여러차례 자기몸을 보시하는 복보다도
이법문의 사구게를 하나라도 받아지녀
전해주며 짓는복이 훨씬더~ 많습니다.

14장 분별에서 벗어난 적멸

①

부처님의 법문듣고 감격눈물 흘리면서,
수보리~ 장로님이 말씀드리 셨습니다.

②

거룩하신 부처님~ 정말대단 하십니다.
부처님은 심오한법 설해주시 었습니다.

③

부처님의 법문듣고 지혜의눈 떴습니다.

④

未曾得聞 如是之經.
미 증 득 문　여 시 지 경

⑤

世尊 若復有人 得聞是經 則生實相.
세 존　약 부 유 인　득 문 시 경　즉 생 실 상

當知 是人成就第一 希有功德.
당 지　시 인 성 취 제 일　희 유 공 덕

⑥

世尊 是實相者 則是非相 是故 如來
세 존　시 실 상 자　즉 시 비 상　시 고　여 래

說 名實相.
설　명 실 상

⑦

世尊 我今得聞 如是經典 信解受持
세 존　아 금 득 문　여 시 경 전　신 해 수 지

不足爲難 若當來世 後五百歲 其有
부 족 위 난　약 당 래 세　후 오 백 세　기 유

眾生得聞是經 信解受持讀誦 爲他
중 생 득 문 시 경　신 해 수 지 독 송　위 타

人說 是人 則爲第一希有.
인 설　시 인　즉 위 제 일 희 유

④
이런법문 단한번도 들어본적 없습니다.
⑤
거룩하신 부처님~ 이법문을 이해하는
사람들이 짓는복은 참으로~ 많습니다.
⑥
거룩하신 부처님~ 거룩하신 부처님~
이법문을 이해하되 이해했다 아니해야
참으로~ 이해했다 말할수가 있습니다.
⑦
거룩하신 부처님~ 제가지금 이법문을
이해하고 지니는건 어렵지가 않지마는
후오백년 이법문을 이해하고 받아지녀
독송하고 널리널리 설법하여 전해주는
사람들이 짓는복은 참으로~ 많습니다.

⑧

何以故 此人 無我相 人相 衆生相
하 이 고 차 인 무 아 상 인 상 중 생 상

壽者相.
수 자 상

⑨

所以者何 我相 卽是非相 人相 衆生
소 이 자 하 아 상 즉 시 비 상 인 상 중 생

相 壽者相 卽是非相.
상 수 자 상 즉 시 비 상

⑩

何以故 離一切諸相 則名諸佛.
하 이 고 이 일 체 제 상 즉 명 제 불

⑪

須菩提 如是如是 若復有人 得聞是
수 보 리 여 시 여 시 약 부 유 인 득 문 시

經 不驚 不怖 不畏 當知 是人 甚爲
경 불 경 불 포 불 외 당 지 시 인 심 위

希有.
희 유

⑫

何以故 須菩提 如來說 第一波羅蜜
하 이 고 수 보 리 여 래 설 제 일 바 라 밀

⑧

이러한~ 사람들은 자기중심 인간중심
중생중심 생명중심 생각않을 것입니다.

⑨

이러한~ 사람들은 자기중심 인간중심
중생중심 생명중심 생각들을 보면서도
실체라고 생각하지 아니할~ 것입니다.

⑩

모든생각 벗어나서 부처가될 것입니다.

⑪

수보리~ 장로님~ 참으로~ 옳습니다.
이경듣고 놀라거나 두려워~ 하지않는
사람들이 짓는복은 참으로~ 많습니다.

⑫

수보리~ 장로님~ 바라밀을 매우잘~
수행하되 수행했다 생각하지 아니해야

非第一波羅蜜 是名第一波羅蜜.
비 제 일 바 라 밀 시 명 제 일 바 라 밀

⑬

須菩提 忍辱波羅蜜 如來說 非忍辱
수 보 리 인 욕 바 라 밀 여 래 설 비 인 욕

波羅蜜.
바 라 밀

⑭

何以故 須菩提 如我昔爲歌利王 割
하 이 고 수 보 리 여 아 석 위 가 리 왕 할

截身體 我於爾時 無我相 無人相 無
절 신 체 아 어 이 시 무 아 상 무 인 상 무

衆生相 無壽者相.
중 생 상 무 수 자 상

⑮

何以故 我於往昔節節支解時 若有我
하 이 고 아 어 왕 석 절 절 지 해 시 약 유 아

相 人相 衆生相 壽者相 應生瞋恨.
상 인 상 중 생 상 수 자 상 응 생 진 한

⑯

須菩提 又念過去 於五百世 作忍辱
수 보 리 우 념 과 거 어 오 백 세 작 인 욕

참으로~ 수행했다 말할수가 있습니다.

⑬

수보리~ 장로님~ 인욕수행 하면서도
인욕수행 하였다고 생각하면 안됩니다.

⑭

수보리~ 장로님~ 수보리~ 장로님~
가리왕이 여래몸을 베고찢고 할때에~
그때에도 여래는~ 자기중심 인간중심
중생중심 생명중심 생각아니 했습니다.

⑮

여래몸이 마디마디 베이고~ 찢길때에
그때에~ 여래가~ 자기중심 인간중심
중생중심 생명중심 생각들을 했더라면
여래도~ 성을내고 원망했을 것입니다.

⑯

수보리~ 장로님~ 수보리~ 장로님~

仙人 於爾所世 無我相 無人相 無衆
선 인　어 이 소 세　무 아 상　무 인 상　무 중

生相 無壽者相.
생 상　무 수 자 상

⑰

是故 湏菩提 菩薩 應離一切相 發阿
시 고　수 보 리　보 살　응 리 일 체 상　발 아

耨多羅三藐三菩提心.
누 다 라 삼 막 삼 보 리 심

⑱

不應住色生心 不應住聲香味觸法生
불 응 주 색 생 심　불 응 주 성 향 미 촉 법 생

心.
심

⑲

應生無所住心 若心有住 則爲非住.
응 생 무 소 주 심　약 심 유 주　즉 위 비 주

⑳

是故 佛說 菩薩 不應住色布施 不應
시 고　불 설　보 살　불 응 주 색 보 시　불 응

住聲香味觸法布施.
주 성 향 미 촉 법 보 시

70

인욕수행 하고있던 오백생애 동안에~
그때에도 여래는~ 자기중심 인간중심
중생중심 생명중심 생각아니 했습니다.

⑰

수보리~ 장로님~ 온갖생각 벗어나서
최고바른 깨달음을 온전하게 이루려는
큰마음을 보살들은 내야하는 것입니다.

⑱

형상소리 냄새맛촉 현상들에 안걸리는
큰마음을 보살들은 내야하는 것입니다.

⑲

어디에도 안걸리는 큰마음을 내야하며
아주작은 걸림에도 걸리면~ 안됩니다.

⑳

보살들은 형상소리 냄새맛촉 현상들에
안걸리는 보시행을 해야하는 것입니다.

㉑

須菩提 菩薩 爲利益一切衆生 應如
수 보 리 보 살 위 이 익 일 체 중 생 응 여

是布施.
시 보 시

㉒

如來說 此衆生相 卽是非相 又說 一
여 래 설 차 중 생 상 즉 시 비 상 우 설 일

切衆生 則非衆生.
체 중 생 즉 비 중 생

㉓

須菩提 如來 是眞語者 實語者 如語
수 보 리 여 래 시 진 어 자 실 어 자 여 어

者. 不誑語者 不異語者.
자 불 광 어 자 불 이 어 자

㉔

須菩提 如來所得法 此法 無實無虛.
수 보 리 여 래 소 득 법 차 법 무 실 무 허

㉕

須菩提 若菩薩 心住於事 而行布施
수 보 리 약 보 살 심 주 어 사 이 행 보 시

㉑

수보리~ 장로님~ 보살들은 모든중생
이롭게~ 하기위해 보시하는 것입니다.

㉒

보시하되 보시했다 생각하면 아니되고
모든중생 위하였다 생각하면 안됩니다.

㉓

수보리~ 장로님~ 여래는~ 당연히~
참된말과 바른말과 옳은말만 말합니다.
속이는말 아니하고 헛된말을 안합니다.

㉔

수보리~ 장로님~ 여래는~ 부처님법
깨닫고도 깨달았다 생각하지 아니하고,
생각하지 않는다는 생각조차 않습니다.

㉕

수보리~ 장로님~ 눈이밝은 사람들도

如人入闇 則無所見.
여 인 입 암 즉 무 소 견

㉖

若菩薩 心不住事 而行布施 如人有
약 보 살 심 부 주 사 이 행 보 시 여 인 유

目 日光明照 見種種色.
목 일 광 명 조 견 종 종 색

㉗

湏菩提 若有善男子善女人 能於此
수 보 리 약 유 선 남 자 선 여 인 능 어 차

經 受持讀誦 爲他人說 則爲如來 以
경 수 지 독 송 위 타 인 설 즉 위 여 래 이

佛智慧 悉知是人 悉見是人 皆得成
불 지 혜 실 지 시 인 실 견 시 인 개 득 성

就 無量無邊 功德.
취 무 량 무 변 공 덕

어두운~ 밤중에는 아무것도 볼수없듯
보시하는 보살들도 걸려있는 마음으론
제대로~ 복덕들을 지을수가 없습니다.
㉖
수보리~ 장로님~ 눈이밝은 사람들도
빛이있는 낮이라야 여러모습 볼수있듯
보시하는 보살들도 마음이~ 안걸려야
참으로~ 복덕들을 지을수가 있습니다.
㉗
수보리~ 장로님~ 부처님의 지혜로써
여래는~ 모두알고 모두보고 있습니다.
이법문을 받아지녀 독송하며 전해주는
선남자와 선여인이 짓게되는 복덕들은
헤아릴수 없을만큼 한량없이 많습니다.

十五. 持經功德分
십오 지경공덕분

①

須菩提 若有人 初日分 以恒河沙等
수보리 약유인 초일분 이강가사등

身布施 中日分 復以恒河沙等身布
신보시 중일분 부이강가사등신보

施 後日分 亦以恒河沙等身布施 如
시 후일분 역이강가사등신보시 여

是百千萬億劫 以身布施 若復有人
시백천만억겁 이신보시 약부유인

聞此經典 信心不謗 其福勝彼.
문차경전 신심불방 기복승피

②

何況書寫 受持讀誦 爲人解說.
하황서사 수지독송 위인해설

③

須菩提 是經有 不可思議 不可稱量
수보리 시경유 불가사의 불가칭량

功德.
공덕

15장 금강경을 받아 지니는 공덕

①
수보리~ 장로님~ 백천만억 겁동안을
매일매일 아침에도 한낮에도 저녁에도
강가강의 모래만큼 여러차례 자기몸을
보시하는 사람들이 짓게되는 복보다도
이법문을 듣고서~ 비방않는 사람들이
짓게되는 복덕들이 훨씬더~ 많습니다.

②
하물며~ 이법문을 사경하고 받아지녀
독송하고 널리널리 전해주는 복덕이라!

③
수보리~ 장로님~ 이법문의 복덕들은
헤아릴수 없을만큼 한량없이 많습니다.

④

如來 爲發大乘者說 爲發最上乘者說.
여래 위발대승자설 위발최상승자설

⑤

若有人 能受持讀誦 廣爲人說 如來
약유인 능수지독송 광위인설 여래

悉知是人 悉見是人 皆得成就 不可
실지시인 실견시인 개득성취 불가

量 不可稱 無有邊 不可思議 功德.
량 불가칭 무유변 불가사의 공덕

⑥

如是人等 則爲荷擔 如來阿耨多羅
여시인등 즉위하담 여래아누다라

三藐三菩提.
삼먁삼보리

⑦

何以故 須菩提 若樂小法者 着我見
하이고 수보리 약요소법자 착아견

人見 衆生見 壽者見 則於此經 不能
인견 중생견 수자견 즉어차경 불능

聽受讀誦 爲人解說.
청수독송 위인해설

④

이법문은 대승의길 가는사람 위하여서
최상승길 가는사람 위하여서 설합니다.

⑤

이법문을 받아지녀 독송하며 설해주면
여래는~ 모두알고 모두보고 있습니다.
이런사람 짓는복은 끝도없이 많습니다.
헤아릴수 없을만큼 한량없이 많습니다.

⑥

최고바른 깨달음을 이루게될 것입니다.

⑦

수보리~ 장로님~ 수보리~ 장로님~
믿는마음 부족하여 자기중심 인간중심
중생중심 생명중심 생각하는 사람들은
이법문을 받아지녀 독송하지 못합니다.
널리널리 설법하여 전해주지 못합니다.

⑧

須菩提 在在處處 若有此經 一切世
수 보 리 재 재 처 처 약 유 차 경 일 체 세

間 天 人 阿修羅 所應供養 當知 此
간 천 인 아 수 라 소 응 공 양 당 지 차

處 則爲是塔 皆應恭敬 作禮圍繞 以
처 즉 위 시 탑 개 응 공 경 작 례 위 요 이

諸華香 而散其處.
제 화 향 이 산 기 처

十六. 能淨業障分
십 육 능 정 업 장 분

①

復次 須菩提 善男子善女人 受持讀
부 차 수 보 리 선 남 자 선 여 인 수 지 독

誦此經 爲他人說 若爲人輕賤 是人
송 차 경 위 타 인 설 약 위 인 경 천 시 인

先世罪業 應墮惡道 以今世人輕賤
선 세 죄 업 응 타 악 도 이 금 세 인 경 천

故 先世罪業 則爲消滅 當得阿耨多
고 선 세 죄 업 즉 위 소 멸 당 득 아 누 다

羅三藐三菩提.
라 삼 막 삼 보 리

⑧

수보리~ 장로님~ 이법문이 있는곳은
온세상의 하느님과 사람들과 아수라가
부처님의 탑에하듯 공양올릴 것입니다.
예경하며 꽃과향을 올리게될 것입니다.

16장 전생 죄업까지도 씻어냄

①

수보리~ 장로님~ 이법문을 받아지녀
독송하며 널리널리 전하여~ 주면서도
천대받는 선남자와 선여인이 있습니다.
이들은~ 전생지은 죄업으로 인하여서
다음생에 삼악도에 떨어질~ 사람인데
이생에서 남들에게 약간천대 받음으로

須菩提 我念過去 百千萬億阿僧祇
수 보 리 아 념 과 거 백 천 만 억 아 승 기

劫 於然燈佛前 得值八萬四千 萬億
겁 어 연 등 불 전 득 치 팔 만 사 천 만 억

那由他 諸佛 悉皆供養承事 無空過
나 유 타 제 불 실 개 공 양 승 사 무 공 과

者.
자

若復有人 於後末世 能受持讀誦此
약 부 유 인 어 후 말 세 능 수 지 독 송 차

經 爲他人說 所得功德 於我所供養
경 위 타 인 설 소 득 공 덕 어 아 소 공 양

諸佛功德 百分 不及一 千萬億分 乃
제 불 공 덕 백 분 불 급 일 천 만 억 분 내

至 算數譬喻 所不能及.
지 산 수 비 유 소 불 능 급

전생죄업 소멸하고 깨달음을 이룹니다.

②

수보리~ 장로님~ 수보리~ 장로님~

여래가~ 과거연등 부처님을 모시기전,

여래는~ 백천만억 아승기겁 동안에~

팔만사천 만억나유 부처님을 친견하며

빠짐없이 정성다해 섬겼던일 있습니다.

③

그렇지만 말법세상 이법문을 받아지녀

독송하고 전해주며 짓는복에 비교하면

여래가~ 그모든~ 부처님께 공양하고

예경하여 지은복은 백분의일 천분의일

만억분의 일에조차 미치지~ 못합니다.

숫자로는 비교조차 할수가~ 없습니다.

④

須菩提 若善男子善女人 於後末世
수 보 리 약 선 남 자 선 여 인 어 후 말 세

有受持讀誦此經 爲他人說 所得功
유 수 지 독 송 차 경 위 타 인 설 소 득 공

德 我若具說者 或有人聞 心則狂亂
덕 아 약 구 설 자 혹 유 인 문 심 즉 광 란

狐疑不信.
호 의 불 신

⑤

須菩提 當知 是經義 不可思議 果報
수 보 리 당 지 시 경 의 불 가 사 의 과 보

亦 不可思議.
역 불 가 사 의

④

수보리~ 장로님~ 수보리~ 장로님~
말법세상 이법문을 받아지녀 독송하며
널리널리 전해주는 선남자와 선여인이
짓게되는 복덕들을 여래가~ 다말하면
사람들은 믿지않고 혼란해할 것입니다.

⑤

수보리~ 장로님~ 이법문의 복덕들은
헤아릴수 없을만큼 한량없이 많습니다.
이에따라 생겨나는 이법문의 과보역시
헤아릴수 없을만큼 한량없이 많습니다.

十七. 究竟無我分
십칠 구경무아분

①

世尊 善男子善女人 發菩薩乘 云何
세존 선남자선여인 발보살승 운하

應住 云何修行 云何降伏其心?
응주 운하수행 운하항복기심

②

湏菩提 善男子善女人 發菩薩乘 當
수보리 선남자선여인 발보살승 당

生如是心 我應滅度 一切眾生.
생여시심 아응멸도 일체중생

③

滅度一切眾生已 而無有一眾生 實
멸도일체중생이 이무유일중생 실

滅度者.
멸도자

17장 자기중심적 생각에서 완전히 벗어남

①

거룩하신 부처님~ 거룩하신 부처님~
보살의길 가려하는 선남자와 선여인은
어떻게~ 발원하고 어떻게~ 수행하며
어떻게~ 자기마음 다스려야 하옵니까?

②

수보리~ 장로님~ 수보리~ 장로님~
보살의길 가려하는 선남자와 선여인은
'일체중생 열반으로 내가모두 제도한다'
이와같은 큰발원을 해야하는 것입니다.

③

이리하여 일체중생 열반으로 제도하되
중생제도 하였다고 생각하면 안됩니다.

④

何以故 湏菩提 若菩薩 有我相 人相
하 이 고 수 보 리 약 보 살 유 아 상 인 상

衆生相 壽者相 則非菩薩.
중 생 상 수 자 상 즉 비 보 살

⑤

所以者何 湏菩提 實無有法 名發菩
소 이 자 하 수 보 리 실 무 유 법 명 발 보

薩乘者.
살 승 자

⑥

湏菩提 於意云何 如來 於然燈佛所
수 보 리 어 의 운 하 여 래 어 연 등 불 소

有法 得阿耨多羅三藐三菩提 不?
유 법 득 아 누 다 라 삼 막 삼 보 리 부

⑦

不也 世尊 如我解佛所說義 佛於然
불 야 세 존 여 아 해 불 소 설 의 불 어 연

燈佛所 無有法 得阿耨多羅三藐三
등 불 소 무 유 법 득 아 누 다 라 삼 막 삼

菩提.
보 리

④

수보리~ 장로님~ 자기중심 인간중심
중생중심 생명중심 생각하는 보살들은
참~된~ 보살이라 말할수가 없습니다.

⑤

수보리~ 장로님~ 그런생각 아니해야
참으로~ 보살의길 가고있는 것입니다.

⑥

수보리~ 장로님~ 어찌생각 하십니까?
과거연등 부처님을 모시고~ 있을때에
'다음생에 최고바른 깨달음을 이룰거라'
여래가~ 생각했다 말할수가 있습니까?

⑦

아닙니다 부처님~ 그리생각 않습니다.
제가지금 부처님의 말씀이해 하기로는
과거연등 부처님을 모시고~ 계실때에

如是如是 湏菩提 實無有法 如來 得
여시여시 수보리 실무유법 여래 득

阿耨多羅三藐三菩提.
아 누 다 라 삼 먁 삼 보 리

湏菩提 若有法 如來 得阿耨多羅三
수보리 약유법 여래 득아누다라삼

藐三菩提者 然燈佛 則不與我受記
먁 삼 보 리 자 연 등 불 즉 불 여 아 수 기

汝於來世 當得作佛 號釋迦牟尼.
여 어 래 세 당 득 작 불 호 석 가 모 니

以實無有法 如來 得阿耨多羅三藐
이 실 무 유 법 여래 득아누다라삼먁

三菩提 是故 然燈佛 與我受記 作是
삼 보 리 시 고 연 등 불 여 아 수 기 작 시

言 汝於來世 當得作佛 號釋迦牟尼.
언 여 어 래 세 당 득 작 불 호 석 가 모 니

'다음생에 최고바른 깨달음을 이룰거라'
부처님은 그렇게~ 생각않으 셨습니다.
⑧
수보리~ 장로님~ 참으로~ 옳습니다.
'다음생에 최고바른 깨달음을 이룰거라'
여래는~ 그렇게~ 생각아니 했습니다.
⑨
수보리~ 장로님~ 수보리~ 장로님~
'다음생에 최고바른 깨달음을 이룰거라'
여래가~ 그렇게~ 생각을~ 했더라면
과거연등 부처님이 여래에게 그당시에
"다음생에 석가모니 부처가될 것입니다"
이러한~ 수기를~ 안주셨을 것입니다.
⑩
'다음생에 최고바른 깨달음을 이룰거라'

⑪

須菩提 如來者 即諸法如義.
수 보 리 여 래 자 즉 제 법 여 의

⑫

須菩提 若有人言 有法 如來 得阿耨
수 보 리 약 유 인 언 유 법 여 래 득 아 누

多羅三藐三菩提 即爲謗我 爲非善
다 라 삼 먁 삼 보 리 즉 위 방 아 위 비 선

取.
취

⑬

須菩提 實無有法 如來 得阿耨多羅
수 보 리 실 무 유 법 여 래 득 아 누 다 라

三藐三菩提.
삼 먁 삼 보 리

여래가~ 그렇게~ 생각하지 않았기에
과거연등 부처님이 여래에게 그당시에
"다음생에 석가모니 부처가될 것입니다"
이러한~ 수기를~ 주시었던 것입니다.

⑪
수보리~ 장로님~ 부처라고 하는말은
모든것에 대하여서 여여하다 뜻입니다.

⑫
수보리~ 장로님~ 수보리~ 장로님~
'최고바른 깨달음을 온전하게 이루었다'
여래가~ 이런생각 한다하는 사람들은
여래를~ 근거없이 비방하는 것입니다.

⑬
수보리~ 장로님~ 수보리~ 장로님~
'최고바른 깨달음을 온전하게 이루었다'

⑭

須菩提 如來所得 阿耨多羅三藐三
수 보 리 여래소득 아 누 다 라 삼 먁 삼

菩提 於是中 無實無虛 是故 如來說
보 리 어 시 중 무 실 무 허 시 고 여 래 설

一切法 皆是佛法.
일 체 법 개 시 불 법

⑮

須菩提 所言 一切法者 卽非一切法
수 보 리 소 언 일 체 법 자 즉 비 일 체 법

是故名一切法.
시 고 명 일 체 법

⑯

須菩提 譬如人身長大.
수 보 리 비 여 인 신 장 대

⑰

世尊 如來說 人身長大 則爲非大身
세 존 여 래 설 인 신 장 대 즉 위 비 대 신

여래는~ 이런생각 조금도~ 않습니다.

⑭

수보리~ 장로님~ 여래는~ 깨달음을
이루고도 이루었다 생각하지 아니하고,
생각하지 않는다는 생각조차 아니하여
모든법을 깨달았다 말할수가 있습니다.
부처님법 깨달았다 말할수가 있습니다.

⑮

수보리~ 장로님~ 일체모든 법들을~
깨닫고도 깨달았다 생각하지 아니해야
참으로~ 깨달았다 말할수가 있습니다.

⑯

수보리~ 장로님~ 수보리~ 장로님~
존귀함에 대하여서 말씀하여 보십시오.

⑰

거룩하신 부처님~ 거룩하신 부처님~

是名大身.
시 명 대 신

⑱

須菩提 菩薩亦如是 若作是言 我當
수 보 리 보 살 역 여 시 약 작 시 언 아 당

滅度 無量衆生 則不名菩薩.
멸 도 무 량 중 생 즉 불 명 보 살

⑲

須菩提 於意云何 頗有實法 名爲菩
수 보 리 어 의 운 하 파 유 실 법 명 위 보

薩?
살

⑳

不也 世尊 實無有法 名爲菩薩.
불 야 세 존 실 무 유 법 명 위 보 살

㉑

須菩提 衆生者 非衆生 是名衆生.
수 보 리 중 생 자 비 중 생 시 명 중 생

존귀하되 존귀하다 생각하지 아니해야
참으로~ 존귀하다 말할수가 있습니다.
⑱
수보리~ 장로님~ 보살들도 같습니다.
중생제도 하였다고 말을하는 보살들은
참~된~ 보살이라 말할수가 없습니다.
⑲
수보리~ 장로님~ 어찌생각 하십니까?
'나는이제 보살경지 온전하게 이루었다'
보살이~ 이런생각 한다할수 있습니까?
⑳
아닙니다 부처님~ 그런생각 아니해야
참~된~ 보살이라 말할수가 있습니다.
㉑
수보리~ 장로님~ 중생제도 하고서도
중생제도 하였다고 생각하지 아니해야

㉒

是故 佛說 一切法 無我 無人 無衆
시고 불설 일체법 무아 무인 무중

生 無壽者.
생 무 수자

㉓

須菩提 若菩薩 作是言 我當莊嚴佛
수보리 약보살 작시언 아당장엄불

土 是不名菩薩.
토 시불명보살

㉔

何以故 如來說 莊嚴佛土者 卽非莊
하이고 여래설 장엄불토자 즉비장

嚴 是名莊嚴.
엄 시명장엄

㉕

須菩提 若菩薩 通達無我法者 如來
수보리 약보살 통달무아법자 여래

說名眞是菩薩.
설명진시보살

참으로~ 제도했다 말할수가 있습니다.
㉒
어떠한~ 경우라도 자기중심 인간중심
중생중심 생명중심 생각하면 안됩니다.
㉓
수보리~ 장로님~ 수보리~ 장로님~
불국토를 장엄했다 말을하는 보살들은
참~된~ 보살이라 말할수가 없습니다.
㉔
불국토를 장엄하되 장엄했다 아니해야
참으로~ 장엄했다 말할수가 있습니다.
㉕
수보리~ 장로님~ 수보리~ 장로님~
자기중심 생각들을 조금도~ 아니해야
참~된~ 보살이라 말할수가 있습니다.

十八. 一體同觀分
십 팔 일 체 동 관 분

①

須菩提 於意云何 如來有肉眼 不?
수 보 리 어 의 운 하 여 래 유 육 안 부

②

如是 世尊 如來有肉眼.
여 시 세 존 여 래 유 육 안

③

須菩提 於意云何 如來有天眼 不?
수 보 리 어 의 운 하 여 래 유 천 안 부

④

如是 世尊 如來有天眼.
여 시 세 존 여 래 유 천 안

⑤

須菩提 於意云何 如來有慧眼 不?
수 보 리 어 의 운 하 여 래 유 혜 안 부

18장 빠짐없이 두루 관찰함

①

수보리~ 장로님~ 어찌생각 하십니까?

여래는~ 육신의눈 가지고~ 있습니까?

②

거룩하신 부처님~ 가지고~ 계십니다.

부처님은 육신의눈 가지고~ 계십니다.

③

수보리~ 장로님~ 어찌생각 하십니까?

여래는~ 하늘의눈 가지고~ 있습니까?

④

거룩하신 부처님~ 가지고~ 계십니다.

부처님은 하늘의눈 가지고~ 계십니다.

⑤

수보리~ 장로님~ 어찌생각 하십니까?

여래는~ 지혜의눈 가지고~ 있습니까?

⑥

如是 世尊 如來有慧眼.
여시 세존 여래유혜안

⑦

須菩提 於意云何 如來有法眼 不?
수 보 리 어의운하 여래유법안 부

⑧

如是 世尊 如來有法眼.
여시 세존 여래유법안

⑨

須菩提 於意云何 如來有佛眼 不?
수 보 리 어의운하 여래유불안 부

⑩

如是 世尊 如來有佛眼.
여시 세존 여래유불안

⑪

須菩提 於意云何 恒河中所有沙 佛
수 보 리 어의운하 강가중소유사 불

說是沙 不?
설 시 사 부

⑥

거룩하신 부처님~ 가지고~ 계십니다.

부처님은 지혜의눈 가지고~ 계십니다.

⑦

수보리~ 장로님~ 어찌생각 하십니까?

여래는~ 법의눈을 가지고~ 있습니까?

⑧

거룩하신 부처님~ 가지고~ 계십니다.

부처님은 법의눈을 가지고~ 계십니다.

⑨

수보리~ 장로님~ 어찌생각 하십니까?

여래는~ 부처의눈 가지고~ 있습니까?

⑩

거룩하신 부처님~ 가지고~ 계십니다.

부처님은 부처의눈 가지고~ 계십니다.

⑪

수보리~ 장로님~ 어찌생각 하십니까?

⑫

如是 世尊 如來說是沙.
여시 세존 여래설시사

⑬

須菩提 於意云何 如一恒河中所有
수보리 어의운하 여일강가중소유

沙 有如是等恒河 是諸恒河所有沙
사 유여시등강가 시제강가소유사

數 世界 如是 寧爲多 不?
수 세계 여시 영위다 부

⑭

甚多 世尊.
심다 세존

⑮

須菩提 爾所國土中 所有眾生 若干
수보리 이소국토중 소유중생 약간

種心 如來悉知.
종심 여래실지

⑯

何以故 如來說 諸心 皆爲非心 是名
하이고 여래설 제심 개위비심 시명

"강가강에 있는모든 모래알과 같은수~"
여래가~ 이런말을 했던적이 있습니까?

⑫

거룩하신 부처님~ 하신적이 있습니다.
부처님은 그런말씀 하신적이 있습니다.

⑬

수보리~ 장로님~ 어찌생각 하십니까?
강가강에 있는모든 모래알과 같은수의
강가강의 모래수의 세계들은 많습니까?

⑭

많습니다 부처님~ 매우매우 많습니다.

⑮

수보리~ 장로님~ 그모든~ 세계안의
모든중생 모든마음 여래는~ 다압니다.

⑯

마음들을 알면서도 실체라고 아니해야

爲心.
위 심

⑰

所以者何 須菩提 過去心不可得 未
소이자하 수보리 과거심불가득 미

來心不可得 現在心不可得.
래심불가득 현재심불가득

十九. 法界通化分
십구 법계통화분

①

須菩提 於意云何 若有人 滿三千大
수보리 어의운하 약유인 만삼천대

千世界七寶 以用布施 是人 以是因
천세계칠보 이용보시 시인 이시인

緣 得福多 不?
연 득복다 부

②

如是 世尊 此人 以是因緣 得福 甚
여시 세존 차인 이시인연 득복 심

多.
다

참으로~ 안다고~ 말할수가 있습니다.

_⑰

수보리~ 장로님~ 수보리~ 장로님~
과거의~ 마음에도 걸리면~ 아니되고
미래의~ 마음에도 걸리면~ 아니되며
현재의~ 마음에도 걸리면~ 안됩니다.

19장 복덕에 걸리지 않음

①

수보리~ 장로님~ 어찌생각 하십니까?
삼천대천 세계만큼 금은보화 보시하는
사람들이 짓게되는 복덕들은 많습니까?

②

많습니다 부처님~ 매우매우 많습니다.

③

須菩提 若福德有實 如來不說 得福
수 보 리 약 복 덕 유 실 여 래 불 설 득 복

德多.
덕 다

④

以福德 無故 如來說 得福德多.
이 복 덕 무 고 여 래 설 득 복 덕 다

二十. 離色離相分
이 십 이 색 이 상 분

①

須菩提 於意云何 如來 可以具足色
수 보 리 어 의 운 하 여 래 가 이 구 족 색

身見 不?
신 견 부

②

不也 世尊 如來 不應 以具足色身
불 야 세 존 여 래 불 응 이 구 족 색 신

見.
견

③

수보리~ 장로님~ 수보리~ 장로님~
많은복을 짓더라도 지었다고 생각하면
제대로~ 지었다고 말할수가 없습니다.

④

복짓고도 지었다고 생각하지 아니해야
참으로~ 지었다고 말할수가 있습니다.

20장 모습에 걸리지 않음

①

수보리~ 장로님~ 어찌생각 하십니까?
부처님의 거룩한~ 형상들을 다갖추면
부처라고 말할수가 있다생각 하십니까?

②

아닙니다 부처님~ 부처형상 갖췄다고

③

何以故 如來說 具足色身 卽非具足
하 이 고 여 래 설 구 족 색 신 즉 비 구 족

色身 是名具足色身.
색 신 시 명 구 족 색 신

④

須菩提 於意云何 如來 可以具足諸
수 보 리 어 의 운 하 여 래 가 이 구 족 제

相見 不?
상 견 부

⑤

不也 世尊 如來 不應 以具足諸相
불 야 세 존 여 래 불 응 이 구 족 제 상

見.
견

⑥

何以故 如來說 諸相具足 卽非具足
하 이 고 여 래 설 제 상 구 족 즉 비 구 족

是名諸相具足.
시 명 제 상 구 족

반드시~ 부처라고 말할수는 없습니다.
③
부처형상 갖추고도 갖추었다 아니해야
참으로~ 갖추었다 말할수가 있습니다.
④
수보리~ 장로님~ 어찌생각 하십니까?
부처님의 거룩한~ 상호들을 다갖추면
부처라고 말할수가 있다생각 하십니까?
⑤
아닙니다 부처님~ 부처상호 갖췄다고
반드시~ 부처라고 말할수는 없습니다.
⑥
부처상호 갖추고도 갖추었다 아니해야
참으로~ 갖추었다 말할수가 있습니다.

二十一. 非說所說分
이 십 일 비 설 소 설 분

①

須菩提 於意云何 如來作是念 我當
수 보 리 어 의 운 하 여 래 작 시 념 아 당

有所說法 不?
유 소 설 법 부

②

不也 世尊.
불 야 세 존

③

須菩提 若人言 如來有所說法 卽爲
수 보 리 약 인 언 여 래 유 소 설 법 즉 위

謗我 爲非善取.
방 아 위 비 선 취

④

須菩提 說法者 無法可說 是名說法.
수 보 리 설 법 자 무 법 가 설 시 명 설 법

21장 설법에 걸리지 않음

①

수보리~ 장로님~ 어찌생각 하십니까?
'부처님의 거룩한법 널리전해 주었다'고
여래가~ 생각한다 말할수가 있습니까?

②

아닙니다 부처님~ 그리생각 않습니다.

③

수보리~ 장로님~ 참으로~ 옳습니다.
'부처님의 거룩한법 널리전해 주었다'고
여래가~ 생각한다 말을하는 사람들은
여래를~ 근거없이 비방하는 것입니다.

④

수보리~ 장로님~ 부처님의 법을널리
전하고도 전하였다 생각하지 아니해야

⑤

世尊 頗有衆生 於未來世 聞說是法
세존 파유중생 어미래세 문설시법

生信心 不?
생신심 부

⑥

湏菩提 彼非衆生 非不衆生.
수보리 피비중생 비불중생

⑦

何以故 湏菩提 衆生衆生者 如來說
하이고 수보리 중생중생자 여래설

非衆生 是名衆生.
비중생 시명중생

참으로~ 전하였다 말할수가 있습니다.
⑤
거룩하신 부처님~ 거룩하신 부처님~
미래에도 이법문을 믿을중생 있습니까?
⑥
수보리~ 장로님~ 수보리~ 장로님~
이법문을 아니믿는 중생들을 보면서도
아니믿는 중생이라 생각하면 안됩니다.
⑦
수보리~ 장로님~ 중생들을 보면서도
중생들을 실체라고 생각하지 아니해야
참으로~ 본다고~ 말할수가 있습니다.

二十二. 無法可得分
이 십 이　무 법 가 득 분

①

須菩提 於意云何 有法 如來 得阿耨
수 보 리　어 의 운 하　유 법　여 래　득 아 누

多羅三藐三菩提 不?
다 라 삼 먁 삼 보 리　부

②

不也 世尊 無有少法 佛 得阿耨多羅
불 야　세 존　무 유 소 법　불　득 아 누 다 라

三藐三菩提.
삼 먁 삼 보 리

③

如是如是 須菩提 我於阿耨多羅三
여 시 여 시　수 보 리　아 어 아 누 다 라 삼

藐三菩提 乃至 無有少法可得 是名
먁 삼 보 리　내 지　무 유 소 법 가 득　시 명

阿耨多羅三藐三菩提.
아 누 다 라 삼 먁 삼 보 리

22장 깨달음에 걸리지 않음

①

수보리~ 장로님~ 어찌생각 하십니까?
'최고바른 깨달음을 온전하게 이루었다'
여래가~ 이런생각 한다할수 있습니까?

②

아닙니다 부처님~ 그리생각 않습니다.
'최고바른 깨달음을 온전하게 이루었다'
부처님은 그런생각 조금도~ 않습니다.

③

수보리~ 장로님~ 참으로~ 옳습니다.
'최고바른 깨달음을 온전하게 이루었다'
여래는~ 이런생각 조금도~ 아니해서
참으로~ 이루었다 말할수가 있습니다.

二十三. 淨心行善分
이 십 삼 정 심 행 선 분

①

復次 湏菩提 是法平等 無有高下 是
부 차 수 보 리 시 법 평 등 무 유 고 하 시

名阿耨多羅三藐三菩提.
명 아 누 다 라 삼 먁 삼 보 리

②

以無我 無人 無衆生 無壽者 修一切
이 무 아 무 인 무 중 생 무 수 자 수 일 체

善法 則得阿耨多羅三藐三菩提.
선 법 즉 득 아 누 다 라 삼 먁 삼 보 리

③

湏菩提 所言 善法者 如來說 卽非善
수 보 리 소 언 선 법 자 여 래 설 즉 비 선

法 是名善法.
법 시 명 선 법

23장 깨끗한 마음으로 법을 잘 닦음

①

수보리~ 장로님~ 수보리~ 장로님~
차별하지 아니하고 평등하게 생각해야
최고바른 깨달음을 이룰수가 있습니다.

②

수보리~ 장로님~ 자기중심 인간중심
중생중심 생명중심 생각하지 아니하고
일체모든 법들을~ 온전하게 닦았어야
최고바른 깨달음을 이룰수가 있습니다.

③

수보리~ 장로님~ 수보리~ 장로님~
법들을잘 닦았어도 닦았다고 아니해야
참으로~ 닦았다고 말할수가 있습니다.

二十四. 福智無比分
이 십 사   복 지 무 비 분

①

須菩提 若三千大千世界中 所有諸
수 보 리 약 삼 천 대 천 세 계 중 소 유 제

須彌山王 如是等七寶聚 有人 持用
수 미 산 왕 여 시 등 칠 보 취 유 인 지 용

布施 若人 以此般若波羅蜜經 乃至
보 시 약 인 이 차 반 야 바 라 밀 경 내 지

四句偈等 受持讀誦 爲他人說 前說
사 구 게 등 수 지 독 송 위 타 인 설 전 설

福德 於此福德 百分 不及一 千萬億
복 덕 어 차 복 덕 백 분 불 급 일 천 만 억

分 乃至 算數譬喩 所不能及.
분 내 지 산 수 비 유 소 불 능 급

24장 비교할 수 없이 큰 복덕

①

수보리~ 장로님~ 삼천대천 세계안의
가장큰산 수미산을 전부합친 것만큼의
금은보화 보시하는 사람들이 짓는복은
이법문의 사구게를 하나라도 받아지녀
독송하며 널리널리 전해주는 사람들이
짓는복에 비교하면 백분의일 천분의일
만억분의 일에조차 미치지~ 못합니다.
숫자로는 비교조차 할수가~ 없습니다.

二十五. 化無所化分
이 십 오   화 무 소 화 분

①

須菩提 於意云何 如來作是念 我當
수보리 어의운하 여래작시념 아당

度衆生? 須菩提 莫作是念. 何以故
도중생   수보리 막작시념   하이고

實無有衆生 如來度者.
실 무 유 중 생 여 래 도 자

②

若有衆生 如來度者 如來 則有我人
약유중생 여래도자 여래 즉유아인

衆生壽者.
중 생 수 자

③

須菩提 如來說 有我者 則非有我 而
수보리 여래설 유아자 즉비유아 이

凡夫之人 以爲有我.
범부지인 이위유아

25장 중생해탈에 걸리지 않음

①

수보리~ 장로님~ 어찌생각 하십니까?
"중생해탈시켰다고 여래가~ 생각한다"
이렇게~ 말할수가 있다생각 하십니까?
수보리~ 장로님~ 그리생각 마십시오.
여래는~ 그런생각 조금도~ 않습니다.

②

중생해탈 시켰다고 여래가~ 생각하면
여래도~ 자기중심 인간중심 중생중심
생명중심 생각들을 하고있는 것입니다.

③

수보리~ 장로님~ 자기중심 생각보되
그생각을 실체라고 생각하면 안됩니다.
범부들만 그렇게~ 생각하는 것입니다.

④

須菩提 凡夫者 如來說 則非凡夫 是
수 보 리 범 부 자 여 래 설 즉 비 범 부 시

名凡夫.
명 범 부

二十六. 法身非相分
이 십 육 　 법 신 비 상 분

①

須菩提 於意云何 可以具足相 觀如
수 보 리 어 의 운 하 가 이 구 족 상 　 관 여

來 不?
래 　 부

②

不也 世尊 不應 以具足相 觀如來.
불 야 세 존 불 응 이 구 족 상 　 관 여 래

③

如是如是 須菩提 如汝所說 不應 以
여 시 여 시 수 보 리 여 여 소 설 불 응 이

具足相 觀如來.
구 족 상 관 여 래

④

수보리~ 장로님~ 범부들을 보면서도
범부들을 실체라고 생각하지 아니해야
참으로~ 본다고~ 말할수가 있습니다.

26장 법신에도 걸리지 않음

①

수보리~ 장로님~ 어찌생각 하십니까?
부처님의 거룩한~ 상호들을 다갖추면
부처라고 말할수가 있다생각 하십니까?

②

아닙니다 부처님~ 부처상호 갖췄다고
반드시~ 부처라고 말할수는 없습니다.

③

수보리~ 장로님~ 참으로~ 옳습니다.

④

若以具足相 觀如來者 轉輪聖王 則
약 이 구 족 상 관 여 래 자 전 륜 성 왕 즉

是如來.
시 여 래

⑤

世尊 如我解 佛所說義 不應 以具足
세 존 여 아 해 불 소 설 의 불 응 이 구 족

相 觀如來.
상 관 여 래

⑥

爾時 世尊 而說偈言
이 시 세 존 이 설 게 언

若以色見我 以音聲求我
약 이 색 견 아 이 음 성 구 아

是人行邪道 不能見如來.
시 인 행 사 도 불 능 견 여 래

장로님의 말씀대로 부처상호 갖췄다고
반드시~ 부처라고 말할수는 없습니다.
④
부처상호 갖췄다고 부처라고 말한다면
전륜왕도 부처라고 하여야할 것입니다.
⑤
거룩하신 부처님~ "부처상호갖췄다고
반드시~ 부처라고 말할수는 없다"라는
부처님의 말씀더잘 이해하게 됐습니다.
⑥
이때에~ 부처님이 게송부르 셨습니다.
　　형상으로 부처님을 보려하거나
　　음성으로 부처님을 찾으려하면
　　옳지않은 길을가고 있기때문에
　　부처님을 만나뵐수 없게됩니다.

應觀佛法性 卽導師法身
응 관 불 법 성 즉 도 사 법 신

法性非所識 故彼不能了.
법 성 비 소 식 고 피 불 능 료

二十七. 無斷無滅分
이 십 칠 무 단 무 멸 분

①

須菩提 於意云何 如來 可以具足相
수 보 리 어 의 운 하 여 래 가 이 구 족 상

故得阿耨多羅三藐三菩提 不?
고 득 아 누 다 라 삼 먁 삼 보 리 부

②

須菩提 莫作是念 如來 不以具足相
수 보 리 막 작 시 념 여 래 불 이 구 족 상

故得阿耨多羅三藐三菩提.
고 득 아 누 다 라 삼 먁 삼 보 리

부처님은 법성으로 봐야합니다.

부처님은 법신으로 나타납니다.

부처님을 인식으로 찾으려하면

부처님을 찾을수가 없게됩니다.

27장 단절과 소멸을 초월함

①

수보리~ 장로님~ 어찌생각 하십니까?

"여래는~ 부처상호 다갖추고 있으니까

최고바른 깨달음을 온전하게 이루었다"

그렇게~ 말할수가 있다생각 하십니까?

②

수보리~ 장로님~ 그리생각 마십시오.

"여래는~ 부처상호 다갖추고 있으니까

③

須菩提 汝若作是念 發菩薩乘者 說
수보리 여약작시념 발보살승자 설

諸法斷滅相 莫作是念.
제법단멸상 막작시념

④

何以故 發菩薩乘者 於法 不說斷滅
하이고 발보살승자 어법 불설단멸

相.
상

二十八. 不受不貪分
이 십 팔 불수불탐분

①

須菩提 若有人 以滿恒河沙等世界七
수보리 약유인 이만강가사등세계칠

寶 持用布施 若有菩薩 於一切法 無
보 지용보시 약유보살 어일체법 무

130

최고바른 깨달음을 온전하게 이루었다"
누구도~ 그렇게~ 말할수가 없습니다.

③

수보리~ 장로님~ 수보리~ 장로님~
보살의길 가고있는 사람들도 생각들이
끊어지고 없어질수 있다생각 마십시오.

④

보살의길 가고있는 사람들은 생각들이
끊어지지 아니하고 없어지지 않습니다.

28장 보답에 걸리지 않음

①

수보리~ 장로님~ 수보리~ 장로님~
강가강의 모래수와 같은세계 채울만큼
금은보화 보시하는 사람짓는 복보다도

我得成於忍 此功德 勝前所得功德.
아 득 성 어 인 　 차 공 덕 　 승 전 소 득 공 덕

②

須菩提 菩薩 不受福德故.
수 보 리 　 보 살 　 불 수 복 덕 고

③

世尊 云何菩薩 不受福德?
세 존 　 운 하 보 살 　 불 수 복 덕

④

須菩提 菩薩 所作福德 不應貪着 是
수 보 리 　 보 살 　 소 작 복 덕 　 불 응 탐 착 　 시

故說 不受福德.
고 설 　 불 수 복 덕

자기중심 생각에서 완전하게 벗어나신
보살들이 짓는복이 훨씬더~ 많습니다.
②
수보리~ 장로님~ 참~된~ 보살들은
지은복을 누리려고 생각하지 않습니다.
③
거룩하신 부처님~ 어떻게~ 하는것이
지은복을 누리려고 생각않는 것입니까?
④
수보리~ 장로님~ 수보리~ 장로님~
복짓고도 지었다고 생각하지 아니해야
지은복을 누리려고 생각않는 것입니다.

二十九. 威儀寂靜分
이 십 구 위 의 적 정 분

①

須菩提 若有人言 如來 若來 若去
수 보 리 약 유 인 언 여 래 약 래 약 거

若住 若坐 若臥 是人不解 我所說
약 주 약 좌 약 와 시 인 불 해 아 소 설

義.
의

②

何以故 如來者 無所從來 亦無所去
하 이 고 여 래 자 무 소 종 래 역 무 소 거

故名如來.
고 명 여 래

134

29장 고요하고 평화로운 부처님 모습

①

수보리~ 장로님~ 수보리~ 장로님~
"부처님은스스로~ '와서있다 가서있다
멈춰있다 앉아있다 누워있다' 생각한다"
이런말을 하는사람 여래가~ 하는말을
제대로~ 이해한다 말할수가 없습니다.

②

와있다는 생각에도 걸리지~ 아니하고
가있다는 생각에도 걸리지~ 아니해야
참~된~ 부처라고 말할수가 있습니다.

三十. 一合理相分
삼십 일합이상분

①

須菩提 若善男子善女人 以三千大
수보리 약선남자선여인 이삼천대

千世界 碎爲微塵 於意云何 是微塵
천세계 쇄위미진 어의운하 시미진

衆 寧爲多 不?
중 영위다 부

②

甚多 世尊 何以故 若是微塵衆 實有
심다 세존 하이고 약시미진중 실유

者 佛則不說 是微塵衆.
자 불즉불설 시미진중

③

所以者何 佛說 微塵衆 則非微塵衆
소이자하 불설 미진중 즉비미진중

是名微塵衆.
시명미진중

④

世尊 如來所說 三千大千世界 則非
세존 여래소설 삼천대천세계 즉비

136

30장 대상에 걸리지 않음

①

수보리~ 장로님~ 선남자와 선여인이
삼천대천 세계부숴 티끌로~ 만든다면
어찌생각 하십니까 티끌수는 많습니까?

②

많습니다 부처님~ 그렇지만 말씀하신
티끌들을 보더라도 실체라고 생각하면
제대로~ 본다고~ 말할수가 없습니다.

③

티끌들을 보면서도 실체라고 아니봐야
참으로~ 본다고~ 말할수가 있습니다.

④

거룩하신 부처님~ 거룩하신 부처님~
삼천대천 세계보되 실체라고 아니봐야

世界 是名世界.
세 계 시 명 세 계

⑤

何以故 若世界 實有者 則是一合相.
하 이 고 약 세 계 실 유 자 즉 시 일 합 상

⑥

如來說 一合相 則非一合相 是名一
여 래 설 일 합 상 즉 비 일 합 상 시 명 일

合相.
합 상

⑦

須菩提 一合相者 則是不可說. 但凡
수 보 리 일 합 상 자 즉 시 불 가 설 단 범

夫之人 貪着其事.
부 지 인 탐 착 기 사

참으로~ 본다고~ 말할수가 있습니다.
⑤
삼천대천 세계들을 실체라고 생각하면
일합상에 걸려있다 말할수가 있습니다.
⑥
일합상을 보면서도 실체라고 아니봐야
참으로~ 본다고~ 말할수가 있습니다.
⑦
수보리~ 장로님~ 수보리~ 장로님~
일합상을 실체라고 생각하면 안됩니다.
범부들만 그렇게~ 생각하는 것입니다.

三十一. 知見不生分
삼 십 일   지 견 불 생 분

①

須菩提 若人言 佛說 我見 人見 衆
수보리 약인언 불설 아견 인견 중

生見 壽者見 於意云何 是人所說 爲
생견 수자견 어의운하 시인소설 위

正語 不?
정어 부

②

不也 世尊 是人所說 不爲正語.
불야 세존 시인소설 불위정어

③

何以故 世尊說 我見 人見 衆生見
하이고 세존설 아견 인견 중생견

壽者見 卽非我見 人見 衆生見 壽者
수자견 즉비아견 인견 중생견 수자

見 是名 我見 人見 衆生見 壽者見.
견 시명 아견 인견 중생견 수자견

140

31장 지견을 내지 않음

①

수보리~ 장로님~ 자기중심 인간중심
중생중심 생명중심 편견에서 벗어나라
설법하여 주었다고 여래가~ 생각한다
이런말을 하는사람 어찌생각 하십니까?
옳은말을 하고있다 말할수가 있습니까?

②

아닙니다 부처님~ 그리생각 않습니다.
옳은말을 하고있다 말할수가 없습니다.

③

자기중심 인간중심 중생중심 생명중심
편견에서 벗어나라 부처님은 설법하되
설법하여 주었다고 생각하지 아니하여
참으로~ 설법했다 말할수가 있습니다.

④

須菩提 發菩薩乘者 於一切法 應如
수 보 리　발 보 살 승 자　어 일 체 법　응 여

是知 如是見 如是信解 不生法相.
시 지　여 시 견　여 시 신 해　불 생 법 상

⑤

須菩提 所言 法相者 如來說 卽非法
수 보 리　소 언　법 상 자　여 래 설　즉 비 법

相 是名法相
상　시 명 법 상

三十二. 應化非眞分
삼 십 이　응 화 비 진 분

①

須菩提 若有人 以滿無量無數世界
수 보 리　약 유 인　이 만 무 량 무 수 세 계

수보리~ 장로님~ 수보리~ 장로님~
참으로~ 보살의길 가려하는 사람들은
모든것을 있는대로 온전하게 알고보며
있는대로 믿고이해 해야하는 것입니다.
법중심~ 생각에도 걸리면~ 안됩니다.

수보리~ 장로님~ 수보리~ 장로님~
법중심~ 생각보되 실체라고 아니봐야
참으로~ 본다고~ 말할수가 있습니다.

32장 모든 것은 지나감

수보리~ 장로님~ 수보리~ 장로님~
헤아릴수 없이많은 무량세계 채울만큼

七寶　持用布施　若復有人　持於此經
칠보　지용보시　약부유인　지어차경

乃至　四句偈等　受持讀誦　爲人演說
내지　사구게등　수지독송　위인연설

其福勝彼.
기복승피

②

云何　爲人演說?　不取於相　是名爲
운하　위인연설　불취어상　시명위

人演說.
인연설

③

何以故
하이고

一切有爲法　如星翳燈幻
일체유위법　여성예등환

露泡夢電雲　應作如是觀.
노포몽전운　응작여시관

144

금은보화 보시하는 사람짓는 복보다도
이법문의 사구게를 하나라도 받아지녀
독송하며 널리널리 전해주는 사람들이
짓게되는 복덕들이 훨씬더~ 많습니다.
②
어떻게~ 전해줘야 하는지를 아십니까?
전하여~ 주었다고 생각하지 아니해야
참으로~ 전해줬다 말할수가 있습니다.
③
보고듣는 일체모든 삼라만상은
별허깨비 등불환영 이슬과거품
꿈과번개 구름처럼 지나갑니다.
모든것을 이와같이 봐야합니다.

④

佛說 是經已 長老 湏菩提 及 諸比
불설 시경이 장로 수보리 급 제비

丘 比丘尼 優婆塞 優婆夷 菩薩 一
구 비구니 우바새 우바이 보살 일

切世間 天 人 阿修羅 乾闥婆等 聞
체세간 천 인 아수라 건달바등 문

佛所說 皆大歡喜 信受奉行.
불소설 개대환희 신수봉행

無比·趙顯春 共譯, 定本 漢文 金剛經 終
무비 조현춘 공역 정본 한문 금강경 종

④

부처님이 이법문을 모두모두 마치시니,

수보리~ 장로님과 남자스님 여자스님

남자신도 여자신도 보살님들 모든세상

하느님과 사람들과 아수라와 건달바가

부처님의 설법듣고 매우매우 기뻐하며

믿고지녀 받들어~ 행하기로 했습니다.

가사체 금강경 끝

용어 해설

불교佛教   나쁜행동 하나라도 않겠습니다.   諸惡莫作제악막작

착한행동 빠짐없이 하겠습니다.   衆善奉行중선봉행

깨끗하고 맑은마음 갖겠습니다.   自淨其意자정기의

이세가지 일곱부처 불교입니다.   是諸佛教시제불교

(대반열반경 범행품)

독송용에 꼭 필요한 용어에 대해서 최소한의 해설만을 제시합니다. 자세한 용어 해설은 다른 자료를 참고하시기 바랍니다.

가리왕: 아주 옛날 어떤 왕이 있었습니다. 어느 날 왕은 궁녀들과 함께 교외로 나가 놀다가 잠이 들었습니다. 왕이 잠이 든 사이에 궁녀들은 사방으로 흩어져 꽃을 보며 놀았습니다. 한 궁녀가 어떤 인욕선인을 보고 설법을 청했습니다. 인욕선인은 설법을 했고, 잠에서 깨어나 이 광경을 본 왕은 시기와 질투를 가누지 못해 인욕선인의 귀, 코, 손, 발을 차례로 잘랐습니다. 이때의 인욕선인이 후세의 석가모니 부처님이었습니다. 이 잔인한 행동으로 인하여 가리왕이라는 이름이 생겨난 것입니다. '가리'라는 말은 잔혹하다는 뜻입니다.

강가강: ①인도 현지에서는 강가강이라고 합니다. ②영어권에서는 갠지스 강이라고 합니다. ③중국 한자어에 대해 중국인들은 강가강이라고 합니다. ④중국 한자어에 대해 한국에서는 '항하'라고 읽었습니다. 따라서 '강가강'이라고 하는 것이 적절합니다.

겁劫: ①매우 긴 세월의 단위입니다. ②범천의 하루, 즉 인간세계의 사억 삼천 이

백 만 년을 말하기도 합니다. ③개자 겁; 둘레 40리의 성에 개자를 가득 채운 후 3년마다 한 알씩 가지고 가서, 개자가 없어질 때까지의 시간을 말하기도 합니다. ④반석 겁; 둘레가 40리 되는 돌을 하느님들이 입는 매우 가벼운 비단옷으로 3년마다 한 번 씩 스쳐 지나가서, 돌이 전부 닳아 없어질 때까지의 시간을 말하기도 합니다.

게송偈頌: 일반적으로 찬양하고 찬탄하는 노래를 말합니다. 그러나 설법내용을 시적으로 표현하는 경우도 게송이라고 합니다.

공사상空思想: "나쁜 행동 하나라도 않겠습니다, 착한 행동 빠짐없이 하겠습니다, 깨끗하고 맑은 마음 갖겠습니다"가 불교의 정의입니다. 앞의 둘을 전제로 해서 깨끗한 마음을 갖는 것이 공함입니다.

구류 중생: 중생을 참고 하십시오.

기원정사祇園精寺: 중인도 사위성에서 남쪽으로 2킬로미터 정도 떨어져 있으며, 부처님과 스님들이 설법하고 수도할 수 있도록 급고독원장자가 기증한 7층 가람으로 매우 웅장하였다고 합니다. 그러나 당나라 현장스님이 그곳을 순례하던 때에 이미 황폐화되어 있었다고 합니다.

대승大乘: 초기불교를 하는 사람들을 "타인이나 다른 생명체에 대한 배려가 부족하다"고 비난하며 소승이라고 하면서 나타난 불교운동을 말합니다.

말법末法: 부처님이 세상을 떠난 후 부처님의 가르침이 쇠퇴해 가는 과정을 크게 세 단계로 나누었습니다. 부처님의 가르침이 비교적 그대로 살아 있는 시기를 정법시대, 진리를 체득한 사람은 거의 없고 가르침만 전해지는 상법시대, 가르침마저도 희미해져 버리는 말법시대로 나누었습니다.

반야般若바라밀: 최상의 지혜를 말합니다. 반야를 얻어야 성불하며 반야를 얻은 이는 부처이므로 반야는 모든 부처의 스승 또는 어머니라고 합니다. 앎은 세 가지로 구분할 수 있습니다. 첫째 앎인 지식은 일종의 기능이라고 보면 됩니다. 전문적 지식을 말합니다. 수영 태권도 의료지식 법률지식 경제학지식 달리기 권투 등이 모두 지식에 속합니다. 둘째 앎인 지혜는 도덕이라고 보면 됩니다. 노년까지 참으로 행복하게 사는 사람들은 거의 전부가 도덕적인 삶을 사는 사람들입니다. 셋째 앎인 반야지혜는 내생에도 통용되는 참된 지혜를 말합니다. 속세의 지혜와 구분되는 참으로 바른 지혜를 말합니다. 반야바라밀은 이 참으로 바른 지혜를 체화하여 완성하려는 수행을 말합니다.

발원發願: 극락세계를 건설하여 중생을 구제하려고 하거나 착한 일을 하려는 마음을 일으키는 것을 말합니다. 특히, 모든 중생을 완전히 성불시켜서 영원히 지옥을 없애겠다는 지장보살님의 발원이 중요합니다.

범부凡夫: 지혜가 얕고 우둔한 중생을 말합니다. 올바른 이치를 깨닫지 못한 사람을 범부라고 합니다. 원래의 의미는 보통 사람이라는 의미였으나, 보통 사람을 선남선녀 혹은 선남자 선여인이라고 하게 되면서 범부는 부정적인 의미로 쓰이게 된 것 같습니다.

법法: 부처님의 가르침을 말하는 경우가 대부분입니다. 그러나 개인이 생각하는 '나름대로의 진리'도 법이라고 합니다. 따라서 경전에서의 법은 진리라는 긍정적 의미와 분별심이라는 부정적 의미를 동시에 내포하게 됩니다.

법의 눈(法眼): 일체 법을 분명하게 비춰보는 눈을 말합니다. 보살은 이 눈으로 모든 법의 진상을 잘 알고 중생을 제도합니다.

보살菩薩: 보리살으바 혹은 보리살타菩提薩埵의 준말입니다. 성불하기 위하여 수행에 힘쓰는 사람의 총칭으로 쓰이기도 하며, 넓은 의미로는 대승불교에 귀의한 사람 모두를 말하기고 합니다.

보시布施: 다른 사람에게 어떤 것을 베풀어 주는 것을 말합니다. 보시에는 재시, 법시, 무외시가 있습니다. 재시는 재물을 베풀어 주는 것을 말하고, 법시는 부처님의 법을 전해 주는 것을 말하고, 무외시는 두려움을 없애주는 것을 말합니다.

복福: 세 가지 의미가 있습니다. 착한 일을 하여 복을 짓는다는 의미, 다른 하나는 지은 복이 있으므로 인연법에 따라 누릴 복이 있다는 의미, 마지막으로 복을 누리고 있다는 의미가 있습니다.

부처의 눈(佛眼): 최고의 바른 깨달음을 이룬 부처만이 가질 수 있는 눈 혹은 관점을 말합니다.

사구게四句偈: 네 구절 정도의 시 혹은 게송을 말합니다. 그러나 때로는 경전 중의 매우 중요한 짧은 글을 의미하기도 합니다.

삼천대천세계三千大千世界: 세계는 인간이 인식할 수 있는 우주를 말합니다. 소천 세계는 세계의 1,000배 되는 세계이며, 중천 세계는 다시 1,000배, 대천 세계는 다시 1,000배 되는 세계를 말합니다. 따라서 하나의 대천세계는 '세계의 1,000,000,000배 되는 세계'를 의미하며, 삼천대천세계는 다시 대천세계의 1,000,000,000배 되는 세계이므로, 세계의 1000,000,000,000,000,000,000배 되는 세계를 말합니다.

상호相好: 서른둘의 거룩한 상 즉 32상相과 세부 모습인 80종호種好를 말합니다.

서른둘의 거룩한 상(三十二相): 일반사람에 비해 부처님이 되면 가지게 되는 32가지의 거룩한 모습을 말합니다. 부처님이 아닌 전륜성왕도 꼭 같은 32상을 가지고 있으므로 이것만으로 부처님을 알아볼 수는 없습니다.

수미산須彌山: 세계의 중앙인 금륜 위에 우뚝 솟은 높은 산을 말합니다. 둘레에 7산 8해가 있고 철위산이 둘러있고 물속에 잠긴 것이 8만 유순이며, 물위에 드러난 것이 8만 유순이며, 꼭대기에는 제석천이 있고, 산 중턱에는 사왕천이 있습니다.

아수라阿修羅: 원래는 장난을 좋아하는 신으로 등장하였습니다. 장난을 좋아하는 것을 싸우기를 좋아하는 것으로 오해하여 나쁜 귀신으로 생각하기도 합니다. 그러다가 이제는 무서운 귀신으로까지 인식되게 되었습니다.

아승기阿僧祇: 인도에서 사용하는 매우 큰 수數의 단위입니다. 범어로는 아승기인데 일부 불자님들께서 '아승지'라 하기도 합니다.

육성취六成就: 부처님의 육하원칙을 말합니다. 육하원칙을 참고하십시오.

육신의 눈(肉眼): 보통 인간들이 가지고 있는 일반적인 눈을 말합니다. 많을 것을 보기도 하지만, 시간적 공간적 제약을 받습니다.

육하원칙 3가지

1) **교육부의 엉터리 육하원칙** : 우리는 학교에서 육하원칙을 배웠고 〈①누가, ②왜, ③언제, ④어디서, ⑤어떻게, ⑥무엇〉을 무조건 외웠습니다. 교육부에서 가르친 키플링의 육하원칙 중에서 둘은 사실(fact)이 아니며, 네 개만 사실(fact)입니다. 〈②왜?〉는 추측이며, 〈⑥무엇?〉은 공허한 것입니다. 프로이트 이후, 어느 누구도 행동의 이유를 말할 수 없게 되었습니다. 행동이유의 90% 이상이 무의식에 있다는 사실이 밝혀졌기 때문입니다. 행동이유를 단정적으로 말하는 사람은 '현대 심리학을 전혀 모르는 무식용감한 사람이다'라고 할 수 있습니다. 달리기를 빨리 하였다, 빨리 달렸다라는 두 문장에서 어느 것이 '무엇'이고, 어느 것이 '어떻게' 입니까? 전체적으로 〈어떻게?〉라는 동작일 뿐입니다. 지금도 '무엇과 어떻게'가 별도의 사항이라고 주장하는 사람이 있다면, '현대 논리학을 전혀 모르는 무식용감한 사람이다'라고 할 수 있습니다.

2) **조현춘의 새천년 육하원칙** : 폭행 사건의 경우 폭행을 한 사람이 있다면 폭행을 당한 사람이 반드시 있을 것입니다. 교육의 경우, 교육을 하는 교사가 있다면, 교육을 받는 학생이 반드시 있을 것입니다. 기타 대중들도 있을 수 있습니다. 그래서 원칙적으로 〈②누구와〉라는 사항이 있어야 합니다. 또한 가장 중요한 것은 〈⑥누가 직접 보고들었는가?〉입니다. 보고자에 따라서 객관 사실이라는 것도 달라지는 경우가 많습니다. 부부싸움의 경우, 남편은 남편 자기에게 유리한 내용만을 기억하기도 하고, 거짓으로 말하기도 합니다. 정보가 이어지는 과정에서의 2차 보고자, 3차 보고자도 반드시 제시되어야 합니다.

따라서 제대로 된, 참된, 진정한 육하원칙은 ①누가(主, who1), ②누구와(衆, with whom), ③언제(時, when), ④어디서(處, where), ⑤어떻게 하는 것을(信, how), ⑥누가 직접 보고 들었는가(聞, who heard and saw) : 5W 1H입니다. 제가 1993년경부터 강력하게 주창하던 내용입니다. 조현춘의 육하원칙, 과학적 육하원칙, 심리학적 육하원칙, 새천년 육하원칙 등 가장 설득력 있는 이름을 찾기 위해 노력하였습니다. 20년 동안 누구도 부처님의 육하원칙, 육성취로 저의 오만방자함을 지적하지 않았습니다.

3) 부처님의 육하원칙 : 불교경전은 원칙적으로 첫 머리에 〈육성취 즉 부처님의 육하원칙〉이 확립되어 있어야 합니다. 부처님의 육하원칙은 언어에 따라 순서가 달라질 수 있습니다.

첫째, 부처님의 육하원칙의 우리말 순서는 다음과 같습니다. ①누가(主, who), ②누구와(衆, with whom), ③언제(時, when), ④어디서(處, where), ⑤어떻게 하는 것을(信, how), ⑥누가 직접 보고 들었는가(聞, who heard and saw) : 5W 1H입니다. 대표적 불교경전의 하나인 금강경의 경우, 부처님의 육하원칙은 다음과 같습니다.

　　①부처님이　②일천이백　　오십명의　　스님들과
　　　많디많은　　보살들과　③어느날~　④사위국의
　　　기원정사　　계시면서　⑤다음같이　　하시는걸
　　⑥제가직접　　들었으며　　제가직접　　봤습니다.

둘째, 부처님의 육하원칙의 한문 순서는 다음과 같습니다. ⑤信(how), ⑥聞(who heard and saw), ③時(when), ①主(who), ④處(where), ②衆(with whom) : 5W 1H입니다. ⑤如是 ⑥我聞 ③一時 ①佛 ④在舍衛國 祇樹給孤獨園 ②與大比丘衆千二百五十人俱 及 大菩薩衆

셋째, 부처님의 육하원칙의 영어 순서는 다음과 같습니다. ③時(when), ⑥聞(who heard and saw), ①主(who), ④處(where), ②衆(with whom), ⑤信(how) : 5W 1H입니다. ③One day, ⑥I heard and saw what ① the Buddha did ④at the Jeta-Anathapindika park in Sravasti ②with 1250 monks and a great company of bodhi-sattvas: ⑤it preceeded as follows.

언해본에서 시작하여, 백용성, 백성욱, 탄허, 심지어 틱낫한에서까지 육하원칙은 한 문장에 나란히 있었습니다. 그러나 육성취의 개념이 없는 Conze의 영어 금강경에서는 육성취의 목을 잘라버렸습니다. Conze를 좋아하는 우리나라 불교 경전 번역가들이 Conze를 따라 육성취의 목을 잘라버린 것에 대해서는 조금, 아주 조금의 섭섭함과 안타까움도 느낍니다.

일합상一合相: 자기가 생각하는 우주 전체를 실체라고 고집하는 생각을 말합니다. 우리는 우리 각자가 창조한 세상에 삽니다. 그런데 자기가 창조했다는 사실을 부정하면서 사는 경우가 많습니다. 태양은 우리 모두가 공동으로 창조한 공업창조물입니다.

장로長老: 지혜와 덕이 높은 사람을 말합니다.

전륜성왕轉輪聖王: 몸에 32상을 갖추고 있으며, 즉위 할 때에는 하늘로부터 받은 윤보를 굴리면서 사방을 위엄으로 굴복시킴으로 전륜왕 혹은 전륜성왕이라 합니다.

전생지은 죄업(前生罪業): 죄를 지으면 업보를 '죄를 짓는 금생'에서 거의 다 받지만, 일부는 다음 생에서 받을 수도 있습니다. 받는 생에서 보면 전생죄업이 됩니다.

중생衆生: 육도(하늘, 인간, 아수라, 축생, 아귀, 지옥)를 윤회하는 생명체를 통칭하는 말입니다. 금강경에서는 구류 중생을 제시하고 있습니다. 구류 중생도 자세히 보면 구분 차원에 따라서 네 가지 중생(간단히 사생), 두 가지 중생, 세 가지 중생으로 구분되어 있습니다. 육도에 대해서도 다른 견해도 있습니다. 다르다고 해서 틀린 것은 아닙니다. 하늘만 해도 크게 28하늘이 있고, 다시 세분된 하늘이 또 있습니다.

지혜의 눈(慧眼): 하늘의 눈의 기능은 물론이려니와 현재의 것을 보고 과거인연을 전부 알 수 있는 눈을 말합니다.

차별差別: 누구는 어떠어떠해서 존귀하고 누구는 어떠어떠해서 비천하다는 식의 존재 자체를 차별적으로 생각하는 것을 말합니다.

최상승最上乘: 초기 불교를 수행이 낮은 사람이 따르는 길이라고 하여 소승이라고 폄하하고, 자신들은 수행이 높아서 남을 배려하는 힘이 크다는 대승불교가 출현하였고, 다시 대승불교를 비판하는 보살승 혹은 최상승이 출현하였습니다.

탁발托鉢: 수행자들이 먹을 것이나 재물을 구하러 다니는 행동을 말합니다. 탁발을 하는 이유는 가장 간단한 생활을 표방하기 위한 것입니다. 또한 아집이나 아만을 없애고 보시하는 사람의 복덕을 길러주는 행동이기도 합니다.

하느님(天): 하늘나라에 사는 중생들을 말합니다. 하늘의 복이 다하면 다시 육도의 다른 길을 가게 됨으로 아직 중생입니다.

하늘의 눈(天眼): 인간 육신의 눈의 기능은 물론이려니와 하느님들이 가지고 있는 눈, 즉 공간적 제약을 받지 않는 눈을 말합니다. 하늘의 눈이 있는 하느님은 땅 속이나 바다 속 혹은 하늘 구석구석을 볼 수 있습니다.

합장合掌: 두 손바닥을 마주하여 가슴 앞에 두는 행동을 말합니다. 모든 종교에서 가장 거룩한 행동으로 간주합니다. 그런데 불교에서는 일반 사람에 대해서도 합장을 합니다.

현상(법): 색성향미촉법에서의 법은 개개인에게 보여지는 현상을 말합니다. 같은 한자어 법이라도 부처님의 진리라는 의미가 있고, 우리말로 '---것'이라는 의미도 있습니다.

편집 후기

서울대학교 이장호 교수님의 권유로 '서양의 한계를 극복하고 동서양 통합 상담 심리학을 세우기 위해' 이동식 선생님 교실에서 김종서, 이종익 선생님들과 금강경 공부를 시작하였습니다.

금강경을 독송하던 중, '근원도 알 수 없는, 저 자신의 저 깊고 깊은 곳에서 생명의 빛이 흘러나오는 것'을 발견했습니다. '저와 모든 생명이 함께 하는 빛, 생명의 빛'이 저의 깊은 곳에서 나오고 있었습니다. 내면의 빛뿐만 아니라, 날씨와는 무관하게 밖에서 불어오는 법풍(法風, 진리의 바람)도 저의 몸과 마음을 시원하게 해 주고 있습니다. 많은 분들의 은혜로 경전 출판까지 하게 되었습니다.

첫째, 무비스님께서는 '천진난만하시며(?), 대자대비에도 걸리지 않으시는, 살아계시는 대 성현의 모습'으로 참으로 자상한 가르침을 베풀어 주셨습니다. 공역자의 자리에까지 내려와 주셔서 황송하고 황망할 뿐입니다. 참으로 고맙습니다.

둘째, 20년 넘는 세월 동안 매주 원고를 교정해주고 가르쳐 주신 두 분 선배님(안형관 선배님과 강수균 선배님)을 비롯한 화화회 회원님들(강태진, 김정옥, 김정자 선생님)에게 고마운 마음을 전합니다. 화화회에서 같이 했던 수많은 회원님들에게도 깊은 감사를 드립니다. 불교에 관해서 참으로 해박한 지식을 가지고 계시면서 가려운 곳을 긁어주고 모자라는 곳을 채워준 김남경 교수님께도 심심한 감사를 드립니다.

셋째, 눈이 되어주고 귀가 되어주고 손발이 되어주신 보리행 박혜정 보살님, 수선행 이수진 보살, 해광 조재형 거사에게도 고마운 마음을 전합니다.

넷째, 출판을 허락해 준 도서출판 운주사 김시열 사장님과 임직원님들께도 감사를 드립니다. 출판과 관련하여 '필자의 이런 저런 까다로운 요구'를 다 견뎌주고 협조해 주셨습니다.

마지막으로, 불교계의 어려운 출판 사정을 고려하여 출판에 많은 도움을 주신 동참회원님들께도 심심한 감사의 마음을 전합니다. 많은 십시일반 동참회원님들과 108 동참회원님들의 동참으로 수월하게 출판할 수 있었습니다. 이 인연 공덕으로 부처님의 무량 복을 누리시고, 속히 성불하옵소서.

법보시 108 동참회

1) 도일스님	13) 이수진	25) 해원보살	37) 한지민
2) 수보리스님	14) 조성흠	26) 오일수	38) 보명법사
3) 남봉연	15) 조성윤	27) 유명애	39) 김형일
4) 이진우	16) 서울독송회	28) 권준모	40) 장충효
5) 민경희	17) 대구독송회	29) 방애자	41) 도윤희
6) 안형관	18) KBS독송회	30) 정인숙	42) 김임용
7) 강수균	19) 청안사	31) 세심화	43) 배문주
8) 강태진	20) 미/정각사	32) 정혜거사	44) 배영주
9) 김정옥	21) 송불암	33) 고/대원화	45) 부산 보현회
10) 김정자	22) 북대암	34) 마가스님	46) 박경아
11) 박혜정	23) 이순랑법사	35) 이종선	
12) 조재형	24) 김남경	36) 박은희	

법보시 동참 계좌

신한은행 110-354-890749 조현춘(가사체금강경독송회)

이 통장으로 입금되는 보시금은 전액 '지정법당·군법당·병원법당·교도소·불교학생회 등에의 법보시, 불교기관에의 보시'로만 사용합니다. 고맙습니다. 참으로 고맙습니다.

가사체 금강경 독송회

대심 조현춘 010-9512-5202 합장

◉ **무비無比 큰스님**(전 조계종 교육원장)은

부산 범어사에서 여환스님을 은사로 출가. 해인사 강원 졸업. 해인사·통도사 등 여러 선원에서 10여 년 동안 안거. 오대산 월정사에서 탄허스님을 모시고 경전을 공부한 후 '탄허스님의 법맥을 이은 대강백'으로 통도사·범어사 강주, 조계종 승가대학원·동국역경원 원장 역임. 지금은 범어사 화엄전에 주석하시면서 후학을 지도하며 많은 집필활동과 더불어 전국 각지의 법회에서 불자들의 마음 문을 열어주고 있습니다.

(다음 까페: 염화실)

◉ **대심大心 조현춘**(가사체 금강경 독송회)은

서울대학교 이장호 지도교수님의 권유로 '동서양 통합 상담심리학'을 세우기 위해 금강경 공부 시작. 30여년 교수생활 중에 계속 '불교경전과 상담심리학'이라는 주제의 논문 발표. 화엄경과 화이트헤드 연구회·법륜불자교수회·한국동서정신과학회·한국정서행동장애아교육학회·대한문학치료학회 등의 회장을 역임하였습니다.

(다음 까페: 가사체금강경)

★정성들여 쓰신 사경집은

1. 가보로 소중하게 간직하거나　　4. 절의 소대에 불태워드리거나
2. 본인이 독송용으로 활용하거나　　5. 법당 불탑 조성시에 안치합니다.
3. 다른 분에게 선물하거나

가사체 금강경과 한문 금강경 사경

초판 1쇄 발행 2021년 4월 30일 | **초판 2쇄 발행** 2022년 3월 18일
공역 무비스님·조현춘 | **펴낸이** 김시열
펴낸곳 도서출판 운주사 (02832) 서울시 성북구 동소문로 67-1 성심빌딩 3층
　　　　전화 (02) 926-8361 | **팩스** 0505-115-8361
ISBN 978-89-5746-649-0　03220　값 8,000원
http://cafe.daum.net/unjubooks 〈다음카페: 도서출판 운주사〉